작가의 말

동물들이 보내는 신호에 귀 기울여 주세요

 2019년 발생한 호주의 대형 산불 모습은 지구 종말 영화를 보는 듯했어요. 많은 사람이 삶의 터전을 잃어 피난을 떠났고, 미처 불길을 피하지 못한 야생동물들은 죽어 갔어요. 어떻게 이런 끔찍한 일이 일어난 것일까요? 전 세계 과학자들은 지구온난화에 따른 기후변화가 그 원인이라고 해요.

 지구온난화에 따른 기후변화는 단순히 지구의 평균 기온이 올라가는 것만이 문제가 아니에요. 지구의 평균 기온이 올라가면서 기후가 예측할 수 없고, 날씨가 극한으로 변하는 방향으로 변화하는 것이 문제예요. 대형 홍수, 기록적인 가뭄, 해수면 상승, 폭설, 한파, 허리케인, 미세먼지 등이 심해져 피해가 갈수록 커지고 있어요. 이러한 기후변화는 우리의 생존을 위협합니다. 그래서 2019년부터는 기후변화의 심각성을 강조해 기후위기라는 용어를 사용하고 있어요.

 우리 때문에 벌어진 기후위기로 동물들이 고통을 받고 있어요. 동물들은 우리에게 자신을 도와달라며 몸부림치고 있지요. 아무 죄 없는 동

물들이 우리 때문에 아파하고 있어요. 우리는 동물들이 하는 말을 잘 몰라요. 하지만 조금만 귀를 기울인다면 동물이 보내는 신호를 들을 수 있어요.

이야기 속에 어린이들은 위기에 처한 동물들을 지나치지 않았어요. 어른들과 함께 동물들을 구해 주고 돌봐주었죠. 이 책을 읽을 여러분의 마음과 똑같다고 생각해요. 세계 각국의 어린이들이 다양한 방법으로 동물을 구조하고 아끼며 사랑하고 있어요. 물론 수많은 봉사자, 환경단체에서도 노력하고 있고요. 동물들이 보내는 신호에 귀 기울여 주세요. 동물들이 고통을 받고 있다는 사실을 알기만 해도 우리가 사는 지구의 환경을 아끼고 사랑할 수 있어요.

이 책에서 나오는 8가지의 이야기는 실제 있었던 일을 바탕으로 하고 있어요. 하지만 인물이나 자세한 내용은 이해를 돕기 위해 상상력을 더했어요. 첫 책이 세상에 나올 수 있도록 저의 가능성을 믿고 끝까지 함께해 주신 한정영 선생님, 버튼북스출판사 대표님께 깊은 감사를 드립니다.

최부순

차례

산불로 **코알라**가 **위기**에 처하다 … 7

한파에 **실신**한 **바다거북** 구출 작전 … 25

해수면 상승으로 위기에 처한 **검은발알바트로스**의 **알**을 구하라 … 45

최악의 **가뭄**으로 **고통**받고 있는 **케냐**의 **기린** … 65

미세먼지로 위협받고 있는 알파카 … 87

폭설로 갈 곳을 잃은 사우디아라비아 낙타 … 107

홍수로 멸종 위기종 외뿔코뿔소가 사라졌어요 … 125

허리케인 속에서 앵무새를 구하라 … 145

산불로 코알라가 위기에 처하다

도심을 삼키려는 산불 소식

창문 너머 바라본 하늘은 불그스름한 빛이 가득했다. 호주 뉴사우스웨일스주는 5개월째 산불이 계속되고 있었다. 매캐한 연기 때문에 창문을 열 수 없었고 학교도 갈 수 없었다. 불길을 잡으러 가는 소방차의 사이렌 소리가 계속 들려 귀가 먹먹해져 왔다.

"엄마, 저기 산 좀 보세요. 불길이 더 심해지고 있는 것 같아요."

에이미는 사이렌 소리에 자신의 목소리가 묻힐까 봐 큰 소리로 말을 했다.

"에이미, 산불이 언제 잡힐지 몰라 걱정이구나."

하늘을 바라보던 엄마는 긴 한숨을 쉬었다. 엄마의 전화기가 울리기 시작했다. 코알라 병원 전문 수의사인 엄마는 계속된 산불로 화상을 입은 코알라들을 치료하기 위해 다시 병원에 가야 한다고 했다.

"엄마, 저도 같이 가면 안 돼요? 저도 아픈 코알라를 돕고 싶어요."

"에이미, 코알라는 야생동물이라 함부로 만지면 안 된단다."

"일손이 많이 모자란다고 했잖아요. 저도 가서 뭐든 도울게요."

"그러면 혼자 마음대로 행동하지 않겠다고 약속!"

"허락하시는 거죠? 제가 알아서 잘 할게요. 걱정하지 마세요."

간단한 짐을 챙긴 에이미와 엄마는 자동차를 타고 병원으로 가기 위해 집 앞 도로로 나섰다. 그런데 다른 때와 달리 수십 대의 차들이 길게 늘어서 마치 주차장을 방불케 했다. 무슨 일일까 싶어 엄마가 라디오를 틀자 긴급 속보가 흘러나왔다. 산불 위기 대응을 위해 일주일간, 국가비상사태를 선포한다고 했다. 40도가 넘는 고온과 강풍으로 산불 위험이 최고조에 이른다며 주민들은 안전한 곳으로 대피하라는 것이었다.

"사람들이 피난을 가기 위해 한꺼번에 몰려 나와서 길이 주차장이 된

거였구나."

"엄마, 큰일이에요. 이러다 나라 전체에 불이 번지면 어떻게 해요?"

에이미는 걱정이 이만저만이 아니었다. 엄마의 얼굴빛도 근심이 가득해 보였다.

산불로 위기에 처한 코알라

한참을 걸려 도착한 병원 앞에도 소방차들이 가득했다. 차에서 내리자 두터운 방화복을 입은 소방관 아저씨가 모포로 싼 코알라를 안고 엄마에게 달려왔다.

"새끼 코알라입니다. 숨소리가 너무 약한 거 같아요. 빨리 봐 주셔야 할 것 같습니다."

소방관 아저씨의 다급한 목소리에 엄마는 병원 안으로 뛰어 들어갔다.

엄마는 모포로 감싼 새끼 코알라를 치료대에 눕혔다. 눈을 감고 있는 모습이 이미 죽은 것 같아 보였다.

"엄마, 어떻게 해요. 코알라가 죽었나 봐요?"

에이미는 발을 동동거리며 울먹이는 목소리로 말했다. 코알라를 자세히 보니 앞발과 뒷발이 검게 그을려 있었고 귀도 한쪽이 새까맣게 타 있었다. 코알라 몸에서 나오는 열기 때문인지 김이 모락모락 나고 있었다. 코알라의 몸을 식히기 위해 엄마는 몸에 물을 살짝 뿌려 줬다. 그리고 물이 들어 있는 주사기를 코알라 입 끝에 대어 주고는 조금씩 누르며 물을 입속으로 넣어 주었다. 다행히 코알라가 물을 조금씩 핥기 시작했다.

"휴."

에이미는 자신도 모르게 안도의 숨을 내쉬었다. 옆에서 지켜보던 소방관 아저씨가 에이미의 머리를 쓰다듬어 주었다.

"아저씨, 도대체 산불을 낸 범인이 누구예요? 잡혔어요?"

산에 불을 지른 사람 때문에 수많은 사람들이 피해를 입고 죄 없는 동물들까지 고통받고 있다는 생각에 화가 치밀어 올랐다. 범인을 잡아 꼭 처벌을 받게 해야 한다고 생각했다.

"그게… 이번 산불에 대해서는 의견이 분분하단다. 학자들에 따르면

기후위기 때문이라고 하더구나."

"네? 기후위기요? 말도 안 돼요. 그렇다고 산불이 나요?"

"현재 40도가 넘는 이상고온으로 가뭄이 지속되고 있잖니. 거기에 강풍이 겹치니, 말라 쌓인 덤불이 불쏘시개 구실을 하면서 악화되었지. 그래서 산불이 난 거야."

기후위기로 산불까지 난다는 이야기를 들은 에이미는 어안이 벙벙했다. 학교 친구들과 산불을 낸 범인을 잡아서 처벌해야 한다는 이야기를 했는데 그게 아니었다고? 학교에서 기후위기의 원인은 지구온난화 때문이고, 지구온난화의 원인은 사람들 때문이라고 배웠다. 결국 사람들 때문에 동물들이 고통받고, 사람들 또한 피해를 입고 있다는 생각을 하니 더욱 안타까웠다.

소방관 아저씨는 산불 진압이 아직 끝나지 않았다면서 급히 다른 곳으로 이동했다.

"에이미, 오늘이 고비일 것 같구나. 그래도 새끼 코알라가 어미 코알라 주머니 속에 있어서 이 정도인 거지, 아니면 벌써…."

엄마는 새끼 코알라를 안타까운 마음으로 바라보다가 다른 코알라를 치료하러 갔다. 에이미는 새끼 코알라를 가만히 쳐다보았다. 아주 작게 새근거리며 숨을 쉬는 모습을 보니 꼭 살았으면 하는 마음이 간절해졌다. 어미 코알라는 새끼를 살리기 위해 뜨거운 불을 견뎌냈을 것이다. 이처럼 에이미가 어미 코알라와 같은 마음으로 옆에서 보살피면 살 수 있을 거라는 생각이 들었다.

우리도 코알라를 도울 수 있어요

에이미는 새끼 코알라 옆에 붙어 한참을 보살폈다. 새끼 코알라의 숨소리가 조금 편안해지는 느낌이 들자 에이미의 마음도 덩달아 편안해졌다.
친구들한테 오늘 있었던 엄청난 소식을 알려 줘야겠다는 생각이 들었다. 우선 자고 있는 새끼 코알라의 모습을 사진으로 찍어 반 친구들한테 메시지를 보냈다.

> 와, 너무 귀여워. 이렇게 작은 코알라는 처음 보는 것 같아.
>
> 새끼 코알라다. 어??? 화상 입었네ㅠㅠ
>
> 너무 불쌍하다.
>
> 여긴 코알라를 전문으로 치료하는 병원이야. 지금 나는 화상을 입은 코알라를 보살피고 있어.
>
> 어떻게? 우리도 도와주고 싶어. 뭐 방법이 없을까?
>
> 잠시만, 엄마한테 한 번 물어볼게. 분명 방법이 있을 거야.

반 친구들은 코알라를 돕고 싶다며 난리가 났다. 마침 새끼 코알라의 상태를 보러 온 엄마한테 에이미는 코알라를 도울 수 있는 방법에 대해 물어보았다. 그러자 엄마는 랜선 입양에 대한 이야기를 해 주었다.

에이미는 얼른 인터넷 사이트로 들어가 보았다. 코알라 병원 사이트에 들어가 보니 화재로 구조되어 병원에서 치료를 받고 있는 수많은 코알라 사진들이 이름과 함께 올라와 있었다. 결국 랜선 입양은 후원을 말하는 것이었다. 후원을 하면 치료비뿐만 아니라 구조비에도 사용된다. 그러면 코알라의 치료 과정과 성장 과정을 매일매일 볼 수 있다고 했다.

　에이미는 어미를 잃은 6개월 된 새끼 코알라 '미니'를 입양하기로 마음먹었다. 하지만 산불이 꺼지지 않는다면 여전히 코알라는 희생당할 수밖에 없을 것이다. 더 이상 산불이 나지 않게 하기 위해 우리가 할 수 있는 일이 무엇일지 고민해 보았다. 일단 산불이 일어난 원인이 기후위기였다는 사실을 친구들에게 알려야겠다고 생각했다.

> 기후위기를 막기 위한 나의 실천 하나.
> 가까운 거리는 자전거 타기, 개인용 물컵 가지고 다니기.
> 친구들아, 우리 함께하자.

　에이미는 '미니'의 사진과 함께 기후위기를 극복하기 위한 나만의 실천 방법을 올렸다. 잠시 후 메시지 알람 소리가 계속 울렸다. 함께하자는 친구들의 메시지였다. 아직도 불을 끄지 못했다는 소식에 마음이 무거웠지만 에이미의 힘으로 뭔가를 할 수 있다는 생각에 마음이 한결 따뜻해졌다.

더 알아보아요

어디에서 일어난 일인가요?

2019년 9월부터 2020년 3월까지 호주의 뉴사우스웨일스주를 시작으로 빅토리아주 등 호주 남동부 해변 지역에서 산불이 일어났어요. 특히 대형 산불이 집중된 뉴사우스웨일스주와 빅토리아주는 2~3차례에 걸쳐 산불 위기 대응을 위해 국가비상사태까지 선포했어요. 이로 인해 국가는 주민들을 보호하기 위해 강제로 대피를 시키거나 도로를 봉쇄하기까지 했어요. 2년에 걸쳐 일어난 산불은 뉴질랜드, 남아메리카 대륙 태평안 연안인 주변 나라에까지 피해를 입혔어요.

피해가 가장 큰 뉴사우스웨일스주에서만 서울시 면적의 61배가 불에 탔

다고 해요. 수천 명의 소방대원과 최대 3,000명의 방위군을 동원해 산불을 진화했어요. 하지만 불길을 잡기가 어려웠어요. 그러다가 폭우가 내려 산불을 진화하는 데 큰 역할을 했어요. 비가 내리면서 홍수 피해가 나기도 했지만, 남은 산불을 잡는 데 결정적인 역할을 했어요.

기후위기 산불은 왜 일어나나요?

호주가 더워지고 건조해진 원인이 '인도양 쌍극화' 영향 때문이라고 해요. 인도양 쌍극화는 서인도양의 해수면 온도가 동인도양보다 높아서 서부와 동부의 수온이 크게 차이가 나는 현상을 말해요. 반대의 경우도 나타납

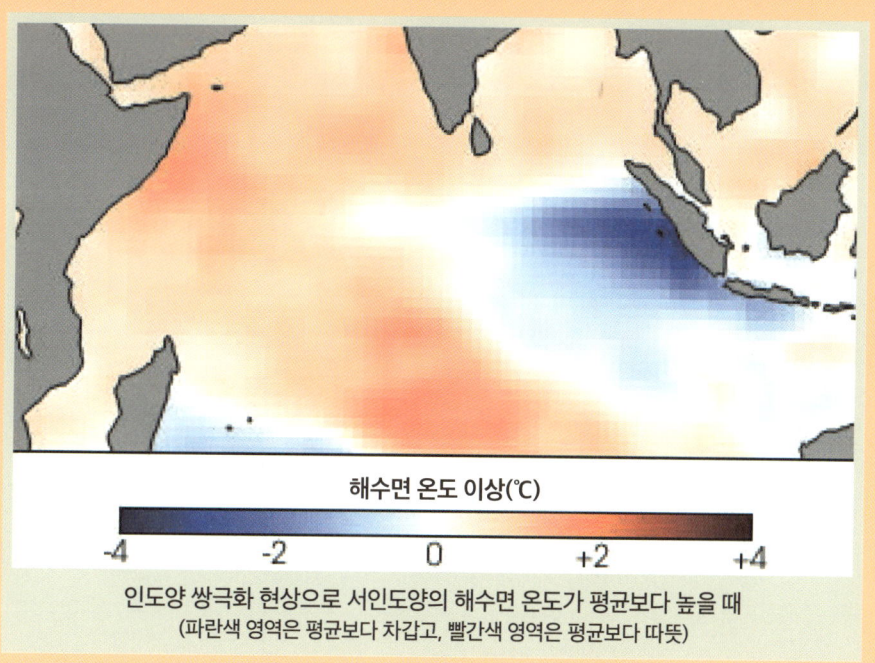

인도양 쌍극화 현상으로 서인도양의 해수면 온도가 평균보다 높을 때
(파란색 영역은 평균보다 차갑고, 빨간색 영역은 평균보다 따뜻)

니다. 호주 산불이 발생한 해인 2019년에 인도양 동서부의 수온 차가 60년 만에 가장 크게 벌어졌어요. 이로 인해 호주 시드니는 낮 최고 기온이 48.9도까지 올라가는 기록적인 더위가 이어졌어요. 거기에 가뭄과 강한 바람까지 겹치면서 산불은 걷잡을 수 없이 번지고 말았어요.

호주에서는 2016년까지 5년 동안 산불 빈도가 40%나 증가했어요. 과학자들과 기상학자들은 수년 동안 기후변화가 심각해짐에 따라 더 큰 규모의 산불이 더 자주 일어날 것이라고 경고했어요. 그런데 호주는 석유 수출국으로 지금도 온실가스 배출량이 지속적으로 증가하고 있어요.

코알라는 어떻게 되었나요?

코알라는 호주의 고유종이에요. 2019~2020년 산불 지역과 코알라의 서식지가 겹쳤어요. 동물의 서식지가 유칼립투스 숲이 펼쳐진 호주 동남부로 이번 화재 지역과 80%나 겹쳐요. 유칼립투스는 기름기가 많아 쉽게 타는 성질이 있어 불이 빠르게 번졌어요. 더욱 안타까운 것은 산불이 나도 코알라는 행동이 느려서 피하지 못하고 가만히 있는 경우가 많아요. 그래서 피해가 더 컸지요.

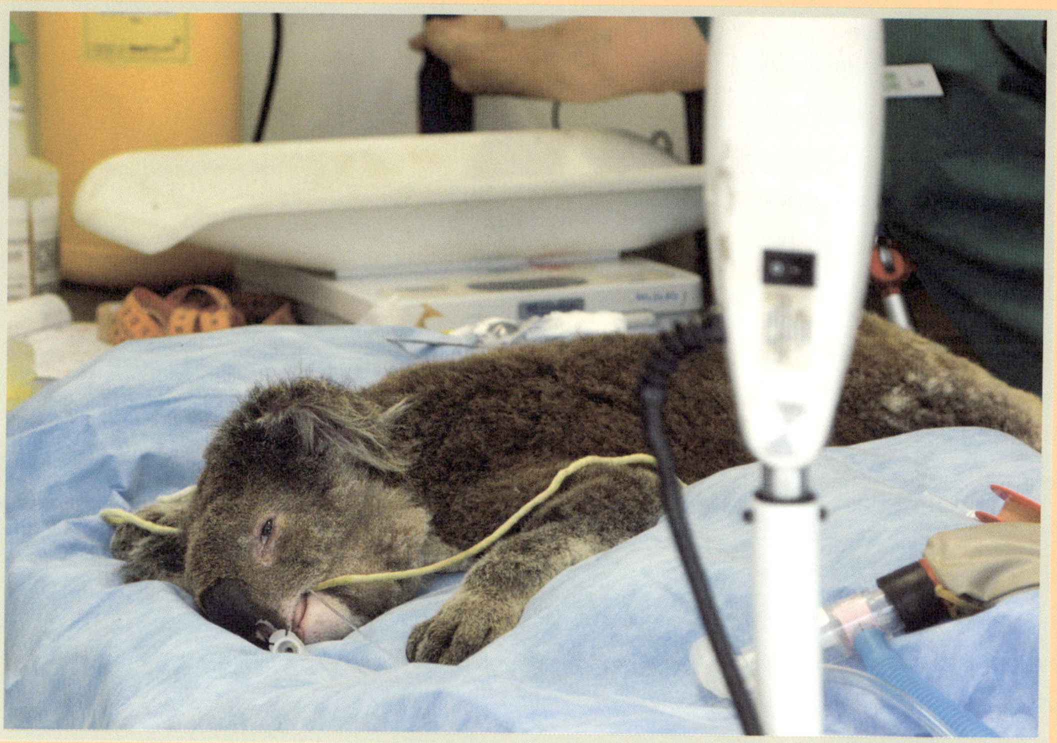

호주에서만 서식하는 코알라의 30%가 목숨을 잃은 것으로 파악되었어요. 코알라의 주요 서식지인 유칼립투스 숲의 80%가 소실되어 사실상 독자 생존이 어려운 '기능적 멸종' 위기에 처했어요. '기능적 멸종'이란 특정 종의 개체 수가 너무 줄어 더 이상 생태계에서 역할을 하지 못하면서 장기적 생존 가능성이 낮은 걸 말해요.
　산불이 일어난 이후 수많은 코알라가 구조되어 전문 코알라 병원에서 치료를 받은 뒤 자연으로 다시 돌아갈 수 있도록 했어요.

산불로 위기에 처한 동물이 또 있나요?

호주의 산불로 숲속에 살던 야생동물의 피해도 컸어요. 이번 산불로 뉴사우스웨일스에서만 8억 마리, 호주 전체로는 10억 마리 이상의 포유류, 새, 파충류 등 야생동물이 죽었을 것이라고 추측해요. 호주 남부의 캥거루섬은 주머니쥐인 더나트와 검은 앵무새 등 세계적인 희귀동물이 많이 서식하는 곳으로 이번 화재로 섬의 절반이 불에 타서 수만 마리가 피해를 입

었어요. 이로 인해 여러 동물 종이 심각한 위기에 처했어요.

호주는 생태가 잘 보존되어 세계 최대의 생물 다양성을 지닌 곳으로 알려져 있었어요. 하지만 2019년 산불로 일부 희귀종은 완전히 멸종된 것으로 밝혀졌지요. 자연 생태계가 심각한 피해를 입었어요.

산불, 우리들에게 어떤 피해가 올까요?

호주의 산불은 2020년 1월 조사결과 우리나라 남한 면적을 넘어서는 1100만 ha를 태우면서 28명의 목숨을 앗아갔고, 2,000채 이상의 집을 잿더미로 만들었어요. 호주의 주요 도시가 피해를 입고 10만 명 이상의 이재민이 발생하면서 호주 최초의 '기후 난민'이 발생했어요. 산불을 피해 피난하는 행렬로 인해 수많은 차량이 정체되어 도시는 아수라장이 되었고요. 산불로 도로가 유실되고 공공건물, 공공주택이 소실되었어요. 여러 지역이 역사상 최악의 대기오염 사태로 국민의 건강까지 위협받게 되었어요.

파도에 떠밀려온 바다거북

"뉴스 속보를 알려드리겠습니다. 텍사스주 사우스 파우드레는 오늘도 영하 20도까지 내려가 최악의 한파가 지속되고 있습니다. 동파 예방을 위해 시설물을 점검하시고 외출 시 따뜻한 옷차림으로 건강 관리에 각별히 유의하시기 바랍니다."

날씨 예보를 다 들은 아빠가 라디오 전원을 끈 후 막스를 찾았다.

"막스, 혹시 동물들을 도울 일이 있을지 모르니 바닷가에 나가 보자."

시터틀(Sea Turtle Inc) 봉사자인 아빠는 연일 계속된 추위에 동물들

이 동사할까 봐 걱정이 되는 모양이었다. 추위 때문에 집에서만 지내던 막스는 아빠와 함께 바닷가로 나갔다. 처음 느껴본 강한 추위에 몸이 움츠려들었다.

한참을 걷고 있는데 모래사장에 거뭇한 물체들이 보이고, 바다 저편에서 거뭇한 물체들이 해변으로 떠밀려 오는 모습이 보였다. 가까이 가서 보니 바다거북이었다. 그런데 바다거북들은 마치 죽은 듯이 가만히 있었다. 머리와 앞지느러미가 축 처져 있고 눈까지 감겨 있었다.

"아빠, 바다거북들이 왜 이렇게 많아요? 혹시 모두 죽은 거 아니에요?"

깜짝 놀란 막스가 움직임이 없는 바다거북의 모습을 보고 아빠에게 물었다.

"죽은 게 아니라, 너무 추워서 기절한 거란다. 거북이는 변온동물이라 체온을 조절하려면 외부의 열이 필요하단다. 그런데 이렇게 추운 날씨가 계속되고 있으니 몸에 마비가 와 지느러미를 움직일 수 없게 된 거야."

아빠는 휴대전화를 꺼내 모래사장 위에 있는 바다거북 떼의 모습을 사진으로 찍었다. 그러더니 시터틀에 전화를 걸어 상황을 설명하고는 사진을 전송했다.

"바다거북을 보호하는 단체에 연락했으니 그곳에서 사람들이 올 거야. 금방 온다고 했으니 우리도 함께 바다거북을 옮기자. 그래도 이렇게 밀려온 녀석들은 다행이야. 아마도 상당수 바다거북이 물에 빠져 죽거나 포식자들한테 잡아먹혔을 거야."

잠시 후 웅성거리는 소리가 나 뒤를 돌아보니 많은 사람이 해안으로 몰려오고 있었다. 바다거북 그림이 그려진 노란색 옷을 입은 자원 봉사자들이었다. 막스는 모래사장으로 뛰어가 바다거북의 등딱지를 양손으로 잡아 자원 봉사자들이 가져온 손수레에 싣고 자동차에도 실었다. 매서운 추위에 바다거북들을 옮기느라 얼굴과 손끝이 얼얼했다.

한파로 고통받는 바다거북

바다거북을 실은 많은 자동차가 도착한 곳은 텍사스 인근 지역에 있는 실내 체육관이었다. 추위를 피할 수 있고 기절한 수많은 바다거북이 충분히 들어갈 수 있는 넓은 장소로는 그만한 데가 없었다.

막스는 손수레와 자동차에 실려 온 바다거북이 다치지 않게 체육관 바닥에 한 마리, 한 마리 내려 놓았다. 그때 수레에 실려 있던 바다거북 한 마리가 눈을 게슴츠레 떴다.

"아빠, 이 바다거북이 눈을 떴어요."

"다행이구나! 우리가 얼른 옮겨서 기절한 다른 바다거북도 빨리 깰 수 있도록 조금만 더 힘내자!"

아빠의 말에 막스는 팔에 힘을 주며 빠르게 움직였다. 수십 번을 왔다 갔다 하며 옮긴 바다거북이 꽤 많았다. 체육관 실내가 바다거북들로 가득 찼다. 회색빛 바다거북의 모습이 마치 큰 자갈이 가득한 해변 같아 보였다. 그중 푸른색 빛이 감도는 엄청난 크기의 바다거북이 눈에 띄었다. 예전에 '거북이 센터'에서 보았던 멸종 위기종 푸른바다거북이었다.

막스는 푸른바다거북을 살펴보고 있는 수의사 옆으로 갔다.

"수의사 선생님, 푸른바다거북이 많이 아픈가요?"

"몸에 상처가 있어. 지느러미도 찢어졌고, 등딱지를 보니 100살은 넘은 거 같은데…. 한파로 기절한 상태에서 파도에 휩쓸리다 보니 여기저기에 부딪쳐 상처를 입은 것 같구나."

"바다거북들이 예전에도 이렇게 기절한 적이 있었나요?"

"안타깝게도 2년 전에도 이런 일이 있었단다. 평균 기온이 영상 20도로 따뜻한 휴양지 플로리다 알지? 그곳에서도 바다거북 천 마리 정도가 갑작스러운 한파로 기절한 적이 있단다. 하지만 텍사스에서는 처음 있는 일이야."

"네? 그런데 이런 일이 왜 일어나는 거예요?"

"갑작스런 기후변화 때문이지. 그래서 원래는 따뜻했던 텍사스가 30년 만에 영하 20도까지 기온이 떨어진 거고, 내일은 폭설에 온도가 더 떨어진다고 하던데. 큰일이구나."

"그럼, 기후변화는 왜 생기는 거예요?"

"인간들이 만들어 낸 지구온난화 때문이란다. 우리가 온실가스 배출을 줄이지 않는다면 더욱 심각해지지 않을까? 기후학자들에 따르면 온난화가 심해질수록 기후변화가 더 자주 일어나고 강도도 더 세질 거라고 해."

수의사는 속상한 듯 한숨을 쉬었다. 막스도 텍사스에 갑작스럽게 닥친 기후변화로 바다거북이 피해를 보고 있어 마음이 아팠다.

민간 구조대의 따뜻한 동행

그때였다. 갑자기 펑! 소리가 나더니 실내 체육관의 전등이 모두 꺼졌다. 사방이 동시에 캄캄해졌다.

정전이 된 체육관은 사람들의 소란스러운 목소리와 휴대전화 불빛만 가득했다.

"갑작스러운 추위로 전력 소비가 많아져 텍사스에 있는 전기 발전소가 멈췄다는구나!"

걱정이 된 아빠가 막스 옆으로 다가오며 말했다.

"그럼, 여기에 있는 바다거북들은 어떻게 해요? 아픈 푸른바다거북도 치료 중이었는데…."

막스는 휴대전화 불빛으로 푸른바다거북을 비춰 보았다. 수의사가 자신의 휴대전화 불빛으로 푸른바다거북의 몸 여기저기를 살펴보며 치료를 하고 있었다. 전기가 끊겨 난방이 되지 않자 냉기가 가득한 곳에 있는 바다거북들이 걱정되었다. 사람들 때문에 고통을 겪고 있어 미안한 마음이 들었다.

"아빠! 이러다가 전기가 안 들어오면 이곳에 있는 수많은 바다거북이 위험하지 않을까요? 음… 우리 집에 자가 발전기가 있는데 그거라도 가지고 올까요?"

"좋은 생각이다. 우리가 바다거북을 집에 데려갈 수는 없으니깐 사람들이 집에 있는 자가 발전기를 이곳으로 가지고 온다면 오늘 밤은 버틸 수 있을 것 같구나. 우리 마을 사람들한테 도움을 요청해 보자!"

아빠는 막스를 칭찬해 줬다. 그런 다음 체육관에 있는 사람들한테 집에서 자가 발전기를 가져오자고 말했다. 잠시 후 사람들은 웅성거리며 한 사람씩 서서히 밖으로 나갔다.

 몇 시간이 지난 후, 자원 봉사자들이 가지고 온 가정용 자가 발전기로 일부 전등이 켜졌다. 그러나 난방을 하기에는 전력이 턱없이 부족했다. 막스는 희미하게 보이는 불빛으로 추위에 발끝을 동동거리며 바다거북들을 살펴보았다. 아직 큰 움직임은 없었지만 몸을 조금씩 움직이거나 눈을 끔벅거리는 바다거북이 몇몇 보였다.

 막스도 가만히 있을 수 없었다. 발전기가 더 많이 있다면 난방이 되니까 바다거북들이 따뜻하게 지낼 수 있을 거라는 생각이 들었다. 그래서 막스는 수많은 바다거북이 누워 있는 모습을 사진으로 찍어 도움을 요청하는 글을 트위터에 올렸다.

> 텍사스에 불어닥친 강력한 한파,
> 인간이 만들어 낸 기후위기로 고통받고 있는
> 바다거북을 도와주세요.
> 정전으로 바다거북들이 추위에 떨고 있어요.
> 가정용 자가 발전기를 이곳에 기부해 주세요.
> 바다거북들이 빨리 바다로 돌아갈 수 있도록
> 여러분들의 도움이 절실히 필요합니다.

한참이 지난 후 인근에 사는 사람들이 체육관 안으로 수선스럽게 들어왔다. 사람들 손에는 자가 발전기가 들려 있었다. 그중에는 단짝 친구 안드레아도 있었다.

"막스, 나야. 안드레아. 메시지 보고 우리반 친구들한테 내가 알렸어."

"고마워, 이번 일로 기후위기의 심각성을 알게 되었어. 앞으로 기후위기로 바다거북이 고통을 받지 않게 우리부터 환경을 보호하는 운동을 하자."

막스의 말에 안드레아가 미소를 지었다. 무서운 추위가 언제 사라질지는 알 수 없지만 사람들의 도움으로 바다거북이 따뜻하게 지낼 수 있다는 생각에 막스의 마음이 훈훈해졌다.

어디에서 일어난 일인가요?

   2021년 2월 미국 텍사스주에 한파가 발생했어요. 텍사스는 겨울 평균 기온이 영상 10도예요. 그런데 2021년 이상기후 현상으로 기온이 영하 22도까지 떨어졌어요. 텍사스 남부 지역에 있는 사우스 파드레 아일랜드도 마찬가지였지요. 이곳은 바다거북의 최대 서식지로 바다거북 4,500여 마리가 기절한 채로 발견되었어요. 바다거북 중에는 멸종 위기종인 푸른바다거북도 포함되어 있었어요. 온몸이 마비된 바다거북들은 차가운 바다 위를 떠다니다가 해안가로 밀려왔어요.

   스스로 체온 조절을 할 수 없는 거북들은 수온이 떨어지면 깨어 있기는 하지만 전혀 움직이지 못하는 '콜드스턴(cold stun)'이라는 실신 상태에 빠져요. 그래서 바닷물에 잠겨 죽을 수도 있지요.

   이 소식을 들은 자원 봉사자들이 해안가로 떠밀려오는 바다거북을 구조해 컨벤션센터로 옮겼어요.

기후위기 한파는 왜 일어날까요?

한파는 평년보다 기온이 매우 낮아 일상생활에 지장을 줄 정도로 추워지는 상태를 말해요. 한파의 원인 중에는 지구온난화로 인한 기후변화도 있어요. 기후변화로 인해 북극의 기온이 상승하여 북극의 찬 공기를 중위도 지역으로 밀어냈어요. 북극과 중위도의 대기는 서로 영향을 끼쳐요. 북

제트 기류란?

대류권의 상부 또는 성층권의 하부에서 거의 수평 축을 따라 불고 있는 강한 기류를 말해요. 최대 풍속이 100m/s를 넘는 일도 있어요. 북반구의 경우, 겨울에는 북위 35도 부근에 있고 여름에는 50도 부근까지 북상해요.

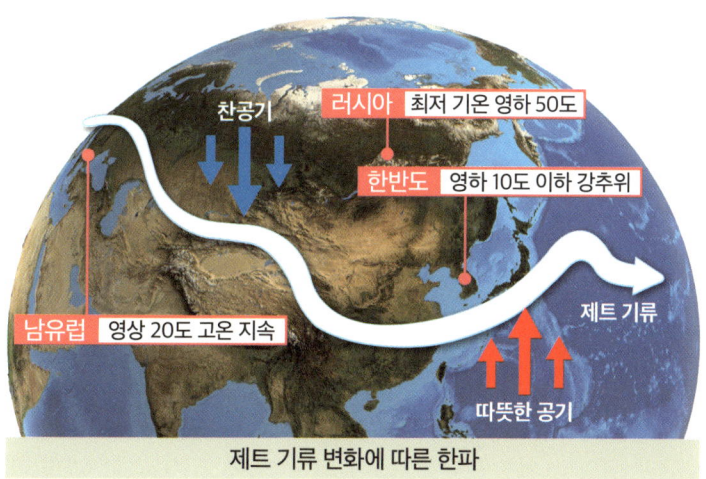

제트 기류 변화에 따른 한파

극의 찬 공기는 일정 주기로 강해지기도 하고 약해지기도 해요. 그런데 그동안은 차가운 북극과 따뜻한 중위도 지역의 기압 차이가 있어서, 북극을 중심으로 극지방을 회전하는 제트 기류가 발달하여 차가운 공기가 아래로 내려오지 못하게 했어요. 그런데 북극의 기온이 상승하면서 제트 기류가 약해져 차가운 공기가 한꺼번에 중위도 지역으로 내려오게 되었어요. 이로 인해 한파가 찾아왔지요.

즉 한파는 북극의 찬 공기를 가둬 주던 공기의 흐름이 지구온난화로 깨져 버려 북극의 찬 공기가 아래로 내려와서 일어난 일이에요.

위기에 처한 바다거북은 어떻게 되었나요?

텍사스 사우스 파드레 아일랜드에는 '시터틀(바다거북)'이라는 동물보호단체가 있어요. 이곳은 바다거북을 보호해 주고 다친 바다거북을 치료해 주는 곳이에요. 특히 멸종 위기종 푸른바다거북도 보호하고 있어요. 이 단체는 이번에 불어닥친 기록적인 한파로 인해 기절한 바다거북을 구조하는 데 많은 역할을 했어요. 여기에 더하여 많은 시민과 자원 봉사자의 노력으로 바다거북을 구조할 수 있었지요.

자원 봉사자들은 바다거북을 자가용이나 보트에 실어 따뜻한 보호 시설로 옮겼어요. 이동 중에도 바다거북의 몸을 녹일 수 있도록 자동차 뒷좌석

▲ 하와이에서 촬영한 푸른바다거북

에 따뜻한 담요를 깔기도 했고요. 한 봉사자는 이틀 동안 바다거북 185마리를 보트로 구조하기도 했어요. 이외에도 많은 시민과 봉사자들이 바다거북을 구조했어요.

　구조된 바다거북은 사우스 파드레 아일랜드 컨벤션센터를 빼곡히 채웠어요. 그런 중에 전력난으로 대규모 정전이 일어나자 자원 봉사자들이 가정용 자가 발전기를 기부하기도 했지요. 그러나 정전이 계속되자 바다거북을 민간 우주 기업인 일론 머스크의 도움으로 대규모 발전기가 있는 우주 탐사 기업 스페이스 X의 발사장으로 옮겼어요.

　이후 날씨가 따뜻해지자 바다거북들은 자원 봉사자들의 도움을 받아 텍사스주 멕시코만으로 돌아가게 되었어요.

한파로 위기에 처한 동물이 또 있나요?

2021년 한파로 텍사스주 댈러스에 있는 동물원이나 영장류 보호구역에 있던 군함새, 침팬지, 원숭이 등이 숨진 채 발견되기도 했어요. 야생동물들이 추위에 얼어 죽었고, 나무 위에서 새들이 얼어 죽은 채 발견되었어요. 따뜻한 지역에 서식하는 멸종 위기종 상어가 얼어 죽은 채 떠밀려 오기도 했어요. 반려동물도 죽는 사고가 발생했어요. 혹한과 정전, 물 부족으로 인한 고통으로 미처 신경을 쓰지 못해 반려동물을 방치되는 일이 많아졌기 때문이에요.

▼ 눈과 얼음 폭풍우가 텍사스를 강타한 후 부분적으로 얼어붙은 화이트록호(White Rock Lake)

▲ 혹한에 털이 얼어붙은 소

텍사스주는 소, 닭, 우유 등 미국의 주요 축산업 생산지예요. 그런데 이 한파로 전기가 끊기거나 수도가 동파되어 가축 급수, 습식 시스템이 중단되었어요. 가축이 얼어 죽는 사례도 발생했지요. 분만을 앞둔 어미 소가 많은 시기였는데 추위로 송아지가 얼어 죽었어요.

한파로 텍사스주는 어떤 피해를 입었나요?

갑자기 들이닥친 추위로 전력 소비가 많이 늘어난 텍사스주는 대규모 정전 사태가 계속되었어요. 수백만 가구에 전력 공급이 끊기자 추위에 떨던 주민들이 자동차나 프로판가스, 벽난로 등을 이용해 난방을 하다가 일산화탄소에 중독되어 사망한 일도 있었어요. 길거리에서 얼어 죽거나 빙판길 낙상으로 사망하는 사람도 있었고요.

전력 차단으로 텍사스주에 있는 정수장이 멈춰 수도 공급마저 끊겼어요. 이로 인해 주민들은 추위와 수도 공급 중단이라는 이중의 고통을 겪었어요. 텍사스주는 한파 대피소를 긴급히 만들어 전력 공급이 될 때까지 많은 주민들을 대피시켰어요.

텍사스는 지금까지 추위가 온다고 해도 오랫동안 영하권을 유지한 적이 없었어요. 그래서 제설 차량도 없고, 눈이 아주 조금만 와도 도로가 정체되었어요. 그런데 2021년 한파는 눈도 많이 오고 또 물도 얼고 도로가 언 상태가 일주일 이상 지속되었어요. 그러다 보니 곳곳에서 차량 추돌 사고와 각종 교통사고가 발생했어요. 항공기가 결항되는 일까지 벌어졌지요. 미국의 바이든 대통령은 피해가 큰 텍사스주를 재난 지역으로 선포했어요.

▼ 텍사스 댈러스 폭설

해수면 상승으로 위기에 처한 검은발알바트로스의 알을 구하라

여행 중 만난 알바트로스

2시간의 비행 시간을 마치고 드디어 알바트로스의 서식지인 미드웨이 제도에 도착했다. 생각보다 섬이 작았지만 잔잔하게 펼쳐져 있는 상앗빛 바다가 편안해 보였다. 제이나는 눈을 감고 크게 심호흡을 했다. 시원한 바람이 코끝을 자극했고 알바트로스의 울음소리가 들려왔다.

"엄마! 아빠! 들었어요? 알바트로스 새소리 말이에요?"

제이나는 소리가 유난히 크게 들려오는 쪽을 쳐다보았다. 맑은 하늘 여기저기 커다란 날개를 펴고 하늘을 날고 있는 알바트로스가 보였다.

"새를 좋아하는 제이나 덕분에 이렇게 멋진 곳에 왔네. 와! 너무 좋다. 여기 섬은 걷기에도 좋은 곳 같아. 산호초로 만들어진 섬이라 그런지 대부분 평지네. 우리 여기서부터 천천히 걸어볼까?"

엄마가 싱긋 웃으며 말했다. 그러자 아빠는 널찍한 챙모자를 둘러쓰며 앞장서 걸어갔다. 알바트로스는 아빠가 지나가도 무서워하지도 않고 가만히 있었다. 큰 날개를 접고 일광욕을 즐기거나 길쭉한 부리로 자신의 털을 다듬고 있었다. 듬성듬성 있는 초록색 풀들이 바람에 나부끼며 옅게 흔들거리는 모습이 보였다.

그때 드문드문 작은 풀들 사이로 흰색에 작은 갈색 얼룩점이 있는 알

들이 보였다.

"와! 이건 검은발알바트로스의 알인데요. 이 새들은 모래 해변 근처에 알을 낳아요. 어, 저기 검은발알바트로스가 보여요. 저 새가 낳은 알이에요."

바닷가 근처에 줄지어 나란히 서 있는 새들을 가리키며 제이나가 말했다. 거기에는 밤색 빛 몸에 검은 발과 검은 부리를 가진 검은발알바트로스가 있었다. 꼿꼿하게 선 채 쳐다보고 있는 모습이 혹시 알들을 훔쳐갈까 봐 지켜보는 것 같았다.

그런데 갑자기 세찬 바람과 함께 파도가 몰려오자 모래 위에 있던 알들이 바닷물에 휩쓸려 가기 시작했다.

"어, 엄마! 아빠! 알들이 바닷물에 휩쓸려 가고 있어요."

제이나가 크게 소리쳤다. 제이나가 바다로 뛰어 들어가 버둥거리며 알을 줍자, 엄마, 아빠도 제이나 곁으로 와 알을 주웠다. 하지만 바닷물에 휩쓸리는 알들이 몇 개 보였다. 어미 검은발알바트로스들이 위협을 느꼈는지 가까이에 왔다. 큰 날개를 펴고 공중에서 퍼덕거리면서 꾸룩꾸룩 울음소리를 냈다.

위기에 처한 검은발알바트로스의 알

시간이 얼마나 지났을까? 배낭을 멘 아저씨가 뛰어오더니 큰 소리로 말했다.

"알을 조심스럽게 저쪽에 놓아 주세요."

목소리가 어찌나 큰지, 깜짝 놀란 제이나는 알을 손에 쥔 채 멈칫하고 서 있었다. 엄마, 아빠는 물론 주변에서 산책하던 사람들까지 어리둥절한 표정을 짓고 있었다. 그러자 아저씨가 한마디 더 했다.

"저는 기후변화로 인해 멸종되는 동물들에 대해 연구하는 생태학자입니다. 검은발알바트로스의 알이 떠내려가지 않도록 도와주세요. 우선 알을 저 위쪽에 올려 놓아 주시면 됩니다."

그러더니 심각한 얼굴로 어딘가에 전화를 했다.

제이나는 사람들과 함께 주운 알을 아저씨가 말한 곳에 조심스럽게 내려놓았다.

"고마워. 학생, 아까는 놀랐지?"

"놀라긴 했지만… 괜찮아요. 제 이름은 제이나예요."

"반갑다. 제이나! 아무래도 긴급한 상황인 것 같아서 조금 전에 국제자연보전연맹에 전화했단다. 검은발알바트로스의 알을 옮길 장비를 갖추고 여기로 온다고 하네. 올 때까지 잠깐 여기서 기다려야겠구나!"

"아, 그럼, 저도 알을 옮길 수 있게 도울게요. 엄마! 아빠! 함께해요."

제이나는 간절한 눈빛으로 아빠를 보며 말했다. 그러자 아빠가 흐뭇한 미소를 지으며 고개를 끄덕였다. 여전히 파도가 세차게 휘몰아치고 있었다. 알들이 바닷물에 떠내려가지 않게 하려고 잰걸음으로 움직였다.

하지만 바닷물에 휩쓸려 가고 있는 알들이 보였다.

"여기 좀 도와주세요."

아저씨는 주변에서 산책하던 사람들에게 도움을 요청했다. 그러자 사람들이 뿔뿔이 흩어져 알을 찾아다녔다.

"아저씨, 아빠가 그러는데 작년에는 이곳이 바다와 모래 해변 사이가 꽤 멀었다고 하던데… 이런 일이 왜 생긴 거예요?"

"요즘 지구의 평균 기온이 올라가 해수면이 상승해서 그렇단다. 그래서 모래 해변이 줄어든 것이고."

"저도 해수면 상승이 뭔지는 알아요. 지구가 따뜻해져서 남극과 북극의 눈과 얼음이 녹아 내리고, 그렇게 녹아 내린 물이 강이나 바다로 흘러가면서 해수면이 높아지는 거, 맞죠?"

"그렇지. 우리가 지구온난화를 멈추지 못하면 결국 섬나라와 여러 해

안 도시는 물에 잠길 거야. 앞으로 미국 해안 지역의 해수면이 30센티미터 정도 높아질 거란다. 그러면 홍수가 더 자주 날 것이고 모든 것이 물에 잠기는 위험한 상황이 벌어질지도 몰라. 그러니 우리가 화석 연료 사용을 줄여야 해. 그렇지 않으면 이산화탄소가 계속 배출되고 대기가 열로 가득 차 지구의 기온이 더 높아질 거란다."

제이나는 생각만 해도 무서웠다. 그렇게 되면 알바트로스의 서식지인 미드웨이제도도, 우리가 사는 하와이도 섬이라 잠길 수 있다는 것이었다. 무엇보다 사람들이 한 행동이 동물들까지 위협하고 있다는 생각을 하니 안타까웠다.

검은발알바트로스의 알을 구하라

엄청 큰 헬기 소리에 하늘을 보니 노을이 어슴푸레하게 지고 있었다. 알들을 찾아 옮기느라 시간 가는 줄도 몰랐다. 잠시 후, 대여섯 명의 사람이 큰 박스들을 들고 머리카락을 휘날리며 헬기에서 내리고 있었다. 아저씨가 헬기 근처로 달려갔다.

헬기 소리에 주변에 있던 사람들도 몰려들었다. 헬기에서 내린 사람들은 국제자연보전연맹에서 연구하는 사람들이라며 아저씨가 소개해 줬다.

"검은발알바트로스는 멸종 위기종이라 번식지가 위험해지면 개체군 전체가 위험해져요. 혹시 알을 보면 이곳으로 가져다 주세요. 부탁합니다."

아저씨의 말을 들은 사람들이 알을 찾으러 다시 흩어졌다. 제이나도 그 뒤를 이어 걸어가고 있었다. 발그스름한 노을이 제이나가 가는 길을 비춰 주고 있었다. 꾸룩꾸룩 검은발알바트로스의 울음소리가 들려왔다. 종종걸음으로 걸으며 고개를 위, 아래로 흔들거리는 검은발알바트로스들이 보였다.

"아저씨, 여기요."

제이나가 큰 소리로 외치자 아저씨가 알을 보관할 수 있도록 특수 제작된 박스를 들고 왔다. 제이나는 알을 주웠다. 그러자 아저씨는 박스를 열고 아기 다루듯 두 손으로 받아 박스에 소중히 담았다. 자신의 알을 빼앗아가는 줄 안 검은발알바트로스가 뾰족한 입으로 달려들려고 했다. 그러자 사람들이 한꺼번에 "워워, 우우." 소리치자 점점 사라졌다.

"제이나 덕분에 검은발알바트로스의 알들을 구할 수 있었단다. 너무 고맙구나! 알들을 고지대로 옮겨서 검은발알바트로스가 오게끔 노력할 거란다. 지금 국제자연보전연맹에서 지대가 높은 다른 나라에 연락하고 있으니깐 해결책이 생길 거야."

아저씨는 차분한 목소리로 말한 뒤 헬기를 타러 갔다.

바로 그때였다. 갑자기 흰 거품을 가득 물고 온 파도가 제이나를 향해 힘껏 달려왔다. 파도를 피하려고 뒷걸음치는 순간 알 한 개가 순식간에 바닷물과 함께 휩쓸려 가는 것이 보였다. 제이나는 반사적으로 알을 잡기 위해 바닷물에 뛰어들었다.

"제이나! 위험해."

제이나를 본 아빠가 바닷물에 뛰어 들어가 넘어지는 제이나를 잡았다. 두 손으로 알을 잡느라 중심을 잃었는데 아빠의 도움으로 넘어지지 않았다. 제이나는 있는 힘껏 소리치며 알을 들고 헬기를 향해 달렸다.

"아저씨! 아저씨! 여기요. 검은발알바트로스 알이 있어요."

바닷물에 젖은 몸이 무거워 한 발 한 발 내딛는 데 힘이 들었다. 하지만 있는 힘을 다해 뛰었다. 헬기의 프로펠러가 서서히 돌더니 멈추는 것

이 보였다. 헬기에서 내린 아저씨가 제이나의 모습을 보고 뛰어왔다.

"제이나! 대단하구나!"

제이나가 건넨 알을 받은 아저씨는 헬기로 돌아갔다. 안도의 한숨을 내쉬는 것도 잠깐 그뒤를 달려온 엄마한테 위험한 행동을 했다며 꾸지람을 들었다.

잠시 후 알을 실은 헬기가 저 멀리 날아갔다. 헬기 뒤로 큰 날개를 펼친 검은발알바트로스 새들이 줄지어 날아가고 있었다. 알을 구해 한시름 놓았지만 헬기 소리와 함께 들려오는 어미 새의 꾸룩꾸룩 우는소리가 슬프게 들렸다. 제이나의 마음이 텅 빈 듯했다. 사람들 때문에 알을 잃은 검은발알바트로스가 안타까웠다.

어디에서 일어난 일인가요?

하와이 호놀룰루에서 북서쪽으로 약 1,900km 떨어진 태평양 한가운데에 미드웨이제도가 있어요. 이곳은 다양한 조류 및 해양 생물의 서식지이며 미드웨이 아톨 국립야생동물보호구역이에요. 아름다운 산호가 가득하며 2백만 마리의 다양한 새들이 살고 있어요. 바닷새 17개 종의 번식지로도 잘 알려져 있지요.

현재 이곳에서는 전 세계 레이산알바트로스의 67~70%가, 검은발알바트로스의 34~39%가 살고 있어요. 검은발알바트로스는 해변의 모래사장

▲ 미드웨이 아톨 국립야생동물보호구역의 검은발알바트로스와 레이산알바트로스

에 둥지를 지어요. 그러나 기후변화로 인해 해수면이 상승하면서 알바트로스의 알과 새끼를 위협하고 있어요. 실제로 2011년 동일본대지진 여파로 쓰나미가 일어났을 때 약 4,000km 떨어진 미드웨이제도까지 영향을 미쳐 해수면이 상승했어요. 이로 인해 수천 마리의 알바트로스가 죽거나 위기에 처했던 적이 있어요.

이후 미국 대통령 버락 오바마는 2016년 9월 미드웨이제도에 들러 자신의 핵심 과제 중 하나인 기후변화 대처의 필요성에 대해 강조하기도 했어요.

기후위기 해수면 상승은 왜 일어나나요?

해수면 상승이란 바다의 물이 많아져서 그 물이 육지에까지 차오르는 현상을 말해요. 그런데 이 현상은 화석 연료의 사용과 관련이 있어요. 우리가 화석 연료를 많이 사용하면 온실가스가 많이 배출되죠. 그로 인해 지구가 점점 따뜻해지면서 지구온난화가 진행되어 남극과 북극의 빙하를 녹여요. 그래서 지대가 낮은 지역은 바닷물이 점점 차올라 해수면이 상승해요.

현재 전 세계적으로 매년 3.4mm씩 해수면이 상승하고 있어요. 온실가스가 지금과 비슷한 수준으로 계속 배출된다면 2100년까지 전 세계 기온이 올라 해수면이 크게 상승할 거예요. 이렇게 해수면이 계속 상승하면 해

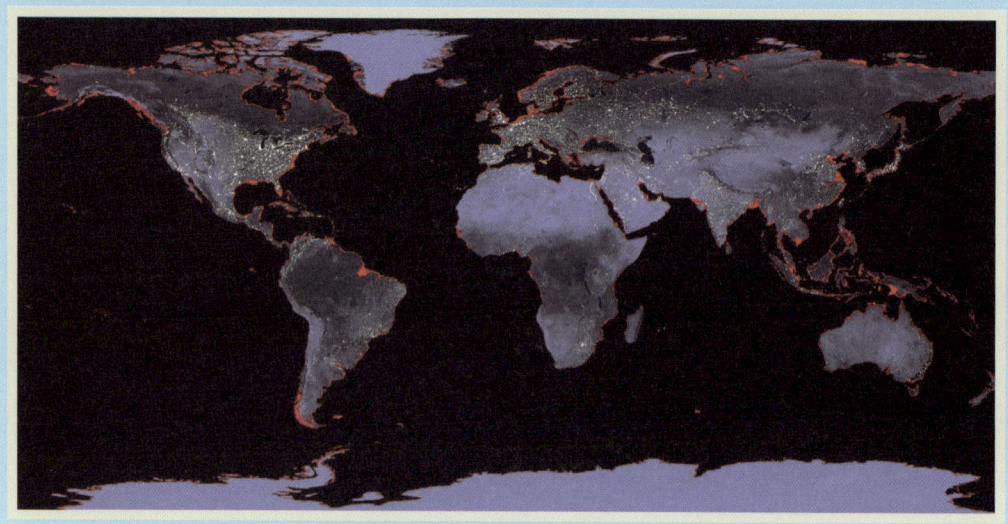

▲ 빨간 지역은 해수면이 6m 상승하면 잠기는 지역

안가에 대도시가 많은 국가들은 도시가 물에 잠기면서 수많은 난민이 발생할 거예요.

검은발알바트로스는 어떻게 되었나요?

국제자연보전연맹은 검은발알바트로스는 물론 레이산알바트로스를 준위협종 목록에 올렸어요. 준위협종은 가까운 장래에 야생에서 멸종 위기에 처할 가능성이 있는 종을 말해요. 번식지가 위험에 빠지면 개체군도 위험에 빠져요. 그래서 미국과 멕시코의 과학자들은 검은발알바트로스의 개체군을 보다 안전한 지역으로 옮길 계획을 세웠어요. 여기서 개체군이란 일정한 환경 지역에 같은 종으로 서식하는 집단을 말해요.

과학자들은 알들을 옮기는 내내 파손되는 것을 막고, 적절한 온도 센서가 장착된 알 전용 인큐베이터를 제작했어요. 그곳에 알을 넣어 비행기에 실은 후 미드웨이에서 6,000km나 떨어진 멕시코의 과달루페섬에 있는 안전한 장소로 알을 옮겼어요. 과달루페섬은 야생동물 보호구역으로 한때 검은발알바트로스와 바닷새들이 둥지를 틀었던 곳이에요.

▲ 검은발알바트로스 한쌍과 아기 새

해수면 상승으로 위기에 처한 동물이 또 있나요?

해수면 상승으로 새들의 서식지가 점점 사라지고 있어요. 기후변화로 서식지와 먹이 공급이 급격하게 줄어들었기 때문이에요. 알바트로스, 바다오리, 슴새를 비롯한 67종의 바닷새가 특히 위험에 처해 있어요. 레이산알바트로스와 흰배슴새는 저지대 섬에 둥지를 트는데 해수면이 상승하면 그들이 서식하는 곳이 사라지므로 위험에 처하게 되고, 하와이제도에만 사는 개똥지바퀴 모양의 하와이 고유종인 푸아이오히(puaiohi)와 아키아폴라우(akiapolaau)도 위험해요.

▶ 뱅골호랑이

▼ 붉은바다거북

▲ 아키아폴라우

수천 km를 여행하는 몸집이 거대한 붉은바다거북도 멸종위기에 처했어요. 최근 10년 동안 플로리다주에 둥지를 튼 암컷 붉은바다거북의 숫자가 40%나 줄었어요.
　이밖에도 북극곰, 황제펭귄, 뱅골호랑이는 해수면 상승으로 가장 먼저 피해를 받을 수 있는 동물이에요. 현재 뱅골호랑이는 방글라데시와 인도 습지에 5,000마리 정도 살고 있는데, 2070년이 되면 뱅골호랑이가 살 수 있는 습지가 모두 물에 잠긴다고 해요.

▲ 북극곰

▲ 황제펭귄

▲ 슴새

해수면 상승, 세계는 어떤 피해를 입을까요?

최근 미국 해안을 중심으로 나무들이 죽은 채 방치된 곳이 늘고 있어요. 해수면이 상승하면서 바닷물이 육지로 올라와 소금기 많은 물 때문에 나무들이 죽어 가고 있어요.

미국의 바닷가 옆에 지어진 아파트는 1990년대부터 연간 2mm씩 서서히 내려앉고 있어요. 건물 하부에 스며든 바닷물이 철근과 콘크리트를 부식시키기 때문이지요. 건물의 뼈대가 되는 기둥과 보에 심각한 영향을 끼

▲ 해수면 상승으로 도로가 사라지고 있다.

쳐요. 하와이는 해수면 상승과 해안가 침식으로 인해 해안에 있는 고속도로 2개 구간을 내륙 안쪽으로 이동했어요.

그보다 심각한 곳은 아시아-태평양 지역이에요. 투발루, 몰디브와 같은 태평양의 작은 섬나라들은 물에 잠길 위협에 처해 있어요. 특히 투발루는 바닷물이 육지로 올라오면서 물 공급이 어려워져 빗물에 의존하고 있어요. 결국, 2011년 가뭄이 심각해지자 정부는 국가비상사태를 선포했어요. 투발루의 9개 섬 중 2개는 물에 완전히 잠겨 사람이 살 수 없게 되었어요. 현재 투발루 정부는 해외 이주를 추진하고 있어요.

이탈리아의 베네치아도 물에 잠기고 있어요. 겨울철에 가끔 일부가 물에 잠기던 곳이었지만 잠기는 횟수가 점점 잦아지고, 수위도 높아져 많은 유적지가 잠기게 되었어요. 한국도 지난 30년간 해수면이 106mm 상승했는데, 이는 세계 평균의 두 배 가까운 수치예요. 지금처럼 온실가스 배출이 계속되면 충남 서해안이 물에 잠길 수 있어요. 서해안의 경우 동해안보다 수심이 얕아 해수면 상승 피해가 클 수밖에 없지요.

최악의 가뭄으로
고통받고 있는
케냐의 기린

기린보호센터에서 기린을 만나다

"이스트초등학교 학생 여러분! 기린보호센터에 온 것을 환영합니다. 이곳은 멸종 위기에 처한 야생동물을 위한 아프리카기금으로 운영되는 곳입니다."

기린보호센터 안내인의 활기찬 목소리에 아이들은 환호성을 질렀다. 케냐의 국립공원 안에 있는 이 단체는 로스차일드기린의 개체 수를 늘리기 위해 만들어진 곳이다.

"아지스, 저 기린 좀 봐! 정말 키가 크다."

누르딘이 뒷걸음치며 호들갑스럽게 말했다.

"동물 중에 키가 가장 크다고 하던데…. 진짜 크긴 크다. 그런데 생각보다 귀엽지 않냐?"

아지스는 사실, 오랜 기간 비는 오지 않고 날씨가 더워 돌아다니는 것이 싫었다. 그래서 아프다는 핑계로 체험 학습에 참가하지 않으려고 했다. 그런데 이번 체험 학습은 기린을 직접 만져 볼 수 있다고 해서 참가하게 되었다. 기분은 좋지 않았지만 막상 유난히 키가 크고 똘망한 기린의 눈으로 직접 보니까 만지고 싶은 마음이 생겼다. 기린보호센터에 오기를 잘했다는 생각이 들었다.

키가 큰 기린을 직접 만져 보기 위해 기린 전망대로 향했다. 5미터 정도 되는 기린을 가까이에서 볼 수 있다는 생각에 아지스는 안내인의 뒤를 바짝 따라갔다.

기린보호센터 안내인은 기린은 굉장히 순해 보이지만 화가 나면 공격적으로 변할 수 있다며 주의를 당부했다. 물건을 던져 기린을 화나게 하거나 기린에게 줄 먹이로 장난을 치면 안 된다고도 했다. 그러면서 기린의 목뼈, 뿔, 혀, 몸의 무늬 등 생김새에 대해 자세히 설명해 주었다.

아지스는 안내인이 준 기린의 먹이 펠릿을 손바닥에 놓았다. 그러자 기린이 긴 눈썹을 끔벅거리며 손 위에 있는 먹이를 먹고는 긴 혀로 아지스의 얼굴에 쓱 뽀뽀를 해 주었다. 안내인이 웃으며 기린이 아지스를 유난히 좋아하는 것 같다고 했다. 아지스는 기린과 함께한 활동이 흥미진진했다.

가뭄으로 위기에 처한 새끼 기린

물론 흥밋거리는 그걸로 끝이 아니었다.

"이제 야생의 기린을 만나러 갈 거예요. 모두 자동차에 탑승하세요."

기린보호센터 안내인의 말에 아이들은 크게 소리를 지르며 버스에 올라탔다. 야생에서 뛰어다니는 기린을 직접 볼 수 있다는 생각에 아지스는 가슴이 콩닥거렸다. 고르지 않고 울퉁불퉁한 도로를 한참 달려갔다. 그러다 좌우를 보니 기린보호센터에서 보았던 푸른 초원이 아니라 힘없는 풀만 듬성듬성 있고 메마른 땅만 펼쳐졌다. 강하게 내리쬐는 햇볕에 창밖에는 아지랑이만 가득했다. 비가 오지 않아 가뭄이 심각한 상태였다.

그런데 어느 즈음에서였을까 희뿌연 흙먼지를 흩날리며 달리던 버스가 갑자기 멈춰 섰다. 창밖을 보니 사람들이 작은 저수지 근처에 몰려 있었다.

"지금 기린을 구조하기 위해 차량을 통제하고 있습니다. 잠시 기다려 주세요."

안내하는 아저씨가 차 안으로 들어와 상황을 설명해 주었다. 그런데 그때 차 밖으로 나간 누르딘이 아지스를 불렀다

"야, 아지스, 이리 와 봐. 여기 기린들이 있어."

그 바람에 아이들은 차에서 내려 조심스레 밖으로 나갔다. 가만 보니 기린 여섯 마리가 얕은 저수지에 빠져 뒤엉킨 채 허우적거리고 있었다. 저수지 물이 깊지도 않았는데 기린들이 힘이 빠져서인지 긴 목과 긴 다

리를 바둥거리고 있었다. 그중 몇 마리는 눈을 감고 있었고 몸의 움직임도 없어 보였다.

"기린이 위험합니다. 빨리 구해 내지 않으면 죽을 수 있습니다."

야생동물 보호사 아저씨의 다급한 목소리였다.

"어… 어 삼촌이다! 삼촌, 저예요. 아지스."

야생동물보호국에서 일하는 삼촌이었다. 아지스는 너무 반가워 삼촌한테 달려가 허리를 감싸 안았다.

"아지스, 반갑구나! 일단 기린부터 구하고 인사는 나중에 하자."

기린을 구조하는 사람들은 고통스러워하는 기린한테 조심스럽게 다가갔다. 조금 전과는 다르게 기린들의 움직임이 확연히 줄어들었고 눈도 감기고 있었다.
　"어, 저기 새끼 기린은 살아 있어요."
　삼촌은 진흙투성이 저수지로 달려 들어가 새끼 기린한테 다가가더니 수건으로 눈을 가렸다. 허우적거리던 네 다리가 잠시 멈추자 구조하는 아저씨가 뒤따라 들어가 다리에 밧줄을 걸어 저수지 밖으로 길게 늘어뜨렸다. 그사이에 기린을 실을 트럭이 도착했다. 기린의 높이만큼 큰 트럭이었다. 트럭을 보자 기린을 구조하는 사람들이 더 분주히 움직였다.

"새끼 기린이라도 살려야 합니다. 우리 모두 조금만 더 힘을 냅시다."

삼촌의 지시 아래 구조하는 아저씨들이 양쪽에서 구령을 붙이며 밧줄을 잡아당겼다. 아지스와 반 친구들도 땀을 뻘뻘 흘리는 아저씨들 곁으로 다가가 밧줄을 잡고 힘을 보탰다. 새끼 기린이라 무게가 많이 안 나갈 줄 알았는데 생각보다 힘에 부쳤다. 힘을 합쳐 잡아당기니 기린이 저수지 밖으로 조금씩 나오기 시작했다.

안도의 한숨도 잠시, 새끼 기린이 발버둥치자 위험하다며 밧줄을 놓으라고 했다. 삼촌이 잠시 숨을 고르고 있는 기린에게 조심스럽게 다가가더니 발목에 있는 밧줄을 풀어 주고 눈을 가렸던 수건도 풀어 주었다. 그러자 기린이 목을 좌우로 움직이더니 벌떡 일어섰다.

"아지스, 기린이 트럭에 올라탈 수 있게 얼른 저기에 있는 아카시아 나뭇잎을 트럭 안으로 넣어라."

아지스는 잽싸게 아카시아 나뭇잎 더미를 양손에 한 움큼씩 집은 뒤 트럭 안으로 던져 넣었다. 그러자 새끼 기린이 먹이를 찾아 트럭 안으로 쏙 들어갔다. 트럭으로 들어간 기린이 아카시아 나뭇잎을 입에 물더니 천천히 먹기 시작했다. 그러자 삼촌은 기린이 트럭에서 떨어지지 않게 트럭 뒤에 있는 안전 장치로 고정했다. 잠시 후 기린을 태운 트럭이 떠났다.

"와, 다행이다. 기린아, 잘 가."

아지스와 친구들은 기린을 태우고 떠나는 트럭을 보면서 손을 흔들었다. 삼촌이 우리들 곁으로 다가왔다. 삼촌은 저수지의 오염을 막기 위해 죽은 기린을 다른 곳으로 옮겨야 해서 이곳에 남아야 한다고 했다.

"고맙다. 너희들이 아니었으면 힘들었을 텐데…. 도와줘서 고맙구나. 선생님도 도움 주셔서 감사합니다. 여러분 덕분에 새끼 기린은 기린보호센터로 가서 안전하게 보호할 수 있게 되었습니다. 감사합니다."

삼촌은 우리들을 향해 박수를 치며 감사 인사를 했다.

"삼촌, 그런데 기린이 왜 저수지에 빠진 거예요?"

"야생의 기린들이 물을 마시러 갔다가 저수지를 발견한 것 같구나! 그런데 너무 오랫동안 비가 오지 않아서 저수지 물이 많이 줄어들어 진흙물이 되어 버렸단다. 기린들이 그걸 모르고 가까이 갔다가 진흙에 빠져서 허우적거리다가 죽은 것 같아. 딱한 일이지만 그래도 새끼 기린을 살려서 그나마 다행이야."

삼촌은 나머지 기린을 살리지 못해 안타까운 듯 긴 한숨을 내뱉었다. 그러면서 오랫동안 비가 오지 않은 이유가 심각한 기후위기 때문이라고 했다. 수많은 동물을 고통으로 몰아가는 가뭄이 언제 해소될지 모른다는 말을 들은 아지스는 마음이 아팠다.

아카시아 나무 심기 캠페인

 집으로 돌아온 아지스는 세면대에 가서 손을 씻으려 수돗물을 틀자 저수지에 쓰러져 있던 기린이 생각났다. 물을 마시지 못하고 고통스럽게 죽어간 기린 생각에 물을 약하게 틀어 손을 씻었다. 안쓰러운 마음에 눈물이 핑 돌았다.

 하지만 속상해하고만 있을 수는 없었다. 기린을 보존하고 보호하기 위해 할 수 있는 일이 무엇일까 곰곰이 생각해 봤다. 당장 우리부터 기린을 보호하기 위해 행동해야 한다는 생각이 들었다.

 다음 날 학교에 간 아지스는 반 아이들과 함께 기린을 보호하면서 기후위기를 극복하기 위해 우리가 할 수 있는 일이 무엇인지 이야기를 나누었다. 기린에게 물을 직접 갖다 주자는 누르딘의 터무니없는 의견도 나왔지만 반 아이들은 어떤 방법이 좋을지 진지하게 고민하고 있었다.

 "그럼, 나무 심기 운동은 어때? 기린이 아카시아 나뭇잎을 좋아한다고 하니깐 우리 반부터 시작하는 거야. 아카시아 나무 모종 심기 운동! 어때? 멋지지 않냐?"

 아지스의 아이디어에 모두가 좋은 의견이라며 동의했다. 누르딘도 번뜩이는 아이디어를 낸 아지스가 멋지다며 어깨동무를 했다. 아지스는 나무 심기 운동으로 노벨 평화상을 받은 왕가리 마타이가 떠올랐다. 그분처럼 우리도 꾸준히 한다면 케냐도 가뭄으로 고통받는 일이 줄어들지 않을까? 기린도 물을 마음껏 마실 수 있는 곳이 있었으면 좋겠다.

"기린아, 조금만 기다려 줘. 더 이상 물 때문에 고통받는 일이 없도록 우리들이 너희를 위해 많이 노력할게. 아카시아 나무가 풍성하게 자라는, 물이 풍부한 케냐로 만들게."

잠깐만, 궁금해요

왕가리 마타이는 케냐의 여성 환경 운동가로 아프리카 전역의 나무 심기를 통해 그린벨트 운동을 이끌었어요. 이로 인해 아프리카의 사회, 경제, 문화적 발전을 촉진했지요. 이 공로를 인정받아 2004년 노벨 평화상을 수상했어요.

어디에서 일어난 일인가요?

케냐의 동북부 와지르카운티 인근 저수지에서 야생 기린 여섯 마리가 숨진 채 발견되었어요. 식량과 물이 부족해 약해질 대로 약해진 기린들이 저수지에 다가갔을 때에는 물이 이미 말라 진흙이 된 상태였어요. 기린들은 물을 마시러 갔다가 진흙에 갇힌 채 목숨을 잃었지요.

현지 농부들이 가뭄으로 부족한 물을 저수지에서 끌어다 썼기 때문에 저수지 물이 말라 있었던 거라고 해요. 이러한 탓에 야생동물들이 물에 접근하기가 더욱 어려워졌다고도 해요. 극심한 가뭄 탓에 물을 먹지 못한 기

▲ 가뭄으로 말라죽은 동물 사체

린들이 처참하게 죽었어요. 이후 죽은 기린들은 저수지 오염을 방지하기 위해 케냐 와지르카운티 마을 외곽에 있는 사불리야생동물보호구역으로 옮겨졌어요.

케냐 가뭄관리국에 따르면, 2021년 기준 케냐의 강우량은 전년 대비 51%에 불과했어요. 4계절 내내 비가 내리지 않으면서 지난 40년간 겪어 보지 못한 장기간의 가뭄 상태를 겪고 있었어요. 전문가들은 2011년 25만 명의 목숨을 앗아간 대기근을 연상시킬 정도로 끔찍한 상황이 올 거라고 했어요. 케냐 정부는 2021년 9월 가뭄을 국가재난사태로 선포해 국제사회에 도움을 요청했어요.

기후위기 가뭄은 왜 일어나나요?

동아프리카에서 일어나는 가뭄은 지구온난화로 인한 기후변화로 인해 그 정도가 더 심해지고 있어요. 기후변화로 라니냐 현상이 강화되었고 강수량 부족 현상으로 이어졌어요. 라니냐는 열대 태평양에 한정되어 나타나는 현상이에요. 하지만 대기와 해양은 멀리 떨어져 있는 곳까지 영향을 미치고 전 지구의 기상, 기후에도 영향을 미쳐요. 따라서 라니냐가 지속되는 동안 동아프리카 지역에는 비가 거의 내리지 않고 더 건조해진 날씨가 계속되었어요.

산업혁명 이후 온실가스 배출이 많아지고 토지를 개발하기 위해 삼림을 훼손했어요. 이로 인해 지구의 기온이 점점 높아지는 지구온난화 현상과 그에 따른 기후변화 현상이 관측되고 있어요. 실제로 세계기상기구에서 조사한 결과 2015년에는 지구 온도 상승 폭이 0%에 가까웠으나 2017~2021년에는 10%로 상승했어요. 세계 평균 기온도 계속해서 상승하고 있어요. 지구온난화에 의해 지면에 도달하는 태양 빛의 세기도 강해지고 있고요. 따라서 수분 증발량이 더 많아지고 토양의 수분은 더 줄어들어요. 애초에 강수량이 적은데 이 현상을 더 심화시켜 가뭄의 빈도와 정도를 증가시킨 거예요.

라니냐란?

라니냐라는 이름은 스페인어로 여자아이를 뜻해요. 라니냐는 열대 태평양 적도 부근에 부는 바람(적도 무역풍)이 강해질 때 일어나요. 이로 인해 서태평양의 해수면 온도가 평상시와 비교하여 상승해요. 강한 적도 무역풍으로 남아메리카 연안에서는 바다 밑바닥의 차가운 물이 해수면으로 올라와요. 이 상태가 5개월 이상 지속되는 것을 라니냐라고 해요. 라니냐 현상으로 평상시 비가 내리던 지역에는 홍수가 일어나고, 비가 적게 내리던 지역에는 가뭄 현상이 나타나요.

멸종 위기에 처한 기린을 위해 어떤 노력을 하나요?

현재 케냐에 서식하는 기린 중 가뭄으로 위험에 처한 기린이 4,000마리에 달한다고 해요. 가뭄으로 기린의 수가 매년 40%씩 감소하고 특히 케냐 북부 지역의 그물무늬기린의 경우 최대 70%가 사라졌어요. 이렇듯 기린의 개체 수가 감소하면서 멸종 위기에 처했어요. 케냐뿐만 아니라 세계 각국에서는 기린을 보호하고 지키기 위해 노력하고 있어요.

케냐의 기린보호센터는 나이로비국립공원 안에 있어요. 이곳은 국제자연보전연맹의 멸종 위기 명단에 등재된 로스차일드기린을 보호하기 위해

▲ 나이로비국립공원 입구

설립되었어요. 위험에 노출된 기린들을 보호하는 역할도 하고 있고요. 이 밖에 케냐의 야생동물관리 당국은 기린을 보호하기 위해 기린의 뿔에 위치추적장치(GPS)를 달아 보호받을 수 있게 노력하고 있어요.

케냐의 마사이마라 국립 야생동물 보호구역에는 야생동물을 둘러보는 사파리 자동차가 있어요. 예전에는 일반 가솔린 차였는데 지금은 전기차로 바꾸었어요. 이는 기후변화로 파괴되는 숲을 지키고 야생동물을 보호하기 위해서예요.

▲ 케냐 암보셀리국립공원에 있는 기린이 큰 나무 그늘 아래에서 강한 태양을 피하고 있다.

▲ 케냐의 암보셀리국립공원에 있는 물 저장고

 자원 봉사자들은 기부 사이트를 통해 가뭄으로 고통받고 있는 케냐의 야생동물을 위한 기금을 모으기도 했어요. 그 기금으로 트럭에 물을 싣고 가 기린뿐만 아니라 다양한 야생동물을 위해 물을 공급하기도 했지요.

 세계 각국은 기린을 보호하기 위해 기린 개체 수를 인공지능을 이용해 파악하고 있어요. 특히 열 화상 카메라가 달린 드론으로 위험에 처한 기린을 찾기도 했지요. 국제기린보호단체는 2016년 6월 21일 세계 기린의 날을 지정해 매년 야생 기린의 멸종을 막기 위해 노력하고 있어요.

가뭄으로 위기에 처한 동물이 또 있나요?

케냐에는 기린 외에도 다른 동물이 가뭄으로 피해를 겪고 있어요. 가뭄에 메뚜기 떼까지 출몰하는 자연재해까지 겹쳤어요. 전문가들에 따르면 기후변화로 인해 비정상적인 날씨가 이어져 곤충들이 번성하기 좋은 조건이 만들어졌다고 해요. 메뚜기 떼의 습격으로 농작물과 방목지가 파괴되어 가축들의 먹이까지 부족해졌어요.

▼ 나미비아 에토샤국립공원의 물웅덩이에 있는 야생동물

가뭄으로 콩과 옥수수 등 주요 작물이 메말랐고, 염소나 당나귀 등 가축들도 물을 마시지 못해 곳곳에 숨진 채 쓰러져 방치되어 있어요. 케냐에 있는 야생동물 국립공원 안에 살고 있는 코끼리, 버펄로, 영양, 얼룩말까지 물을 마시지 못해 죽어 가고 있어요. 몇 년 전에는 가뭄으로 코끼리가 떼죽음을 당하기도 했어요.

가뭄, 우리에게 어떤 피해를 줄까요?

케냐의 아이들이 기아에 허덕이고 있어요. 특히 5살 미만의 아동 140만 명이 급성 영양실조에 처해 있어요. 물 부족으로 인해 학교까지 문을 닫아 아이들은 학교를 중퇴해야 했고 음식과 물을 찾아 떠돌아야 했어요.

이러한 상황은 목초지 지역에서 더 심각해요. 가축들이 먹을 만한 풀이 충분하지 않아 건강은 물론 우유 생산량도 줄어들었어요. 가축을 길러 생계를 꾸리는 주민들은 삶의 터전을 잃고 가축들이 먹을 수 있는 풀을 찾아 이동하고 있어요. 이로 인해 케냐와 우간다 국경 사이에서 분쟁이 일어나 목숨을 잃기도 해요.

극심한 가뭄은 케냐 전역에서 일어나고 있어요. 기후변화, 코로나, 분쟁 등으로 복잡하게 얽혀 구호단체에서 지원하는 식량도 제대로 전달되지 않

았어요. 많은 사람이 영양실조와 굶주림에 고통을 겪고 있어요. 케냐의 서부 곡창지대에서는 종족 간의 충돌로 곡물 수확이 더욱 줄어들었지요. 그리고 케냐 정부는 식량을 수입할 외화도 부족하다고 해요. 세계기상기구에 따르면 지구 평균 기온이 현재의 속도로 계속 오르면 2040년경에는 케냐산에 있는 빙하가 모두 녹아 없어질 것이라고 전망했어요. 케냐산에 있는 빙하는 인간이 유발한 기후변화 때문에 빙하 전체가 사라지는 최초의 산이 될 것이라고 해요.

▲ 케냐산의 루이스빙하. 기후변화로 빙하가 녹고 있다.

미세먼지로 위협받고 있는 알파카

미세먼지 가득한 알파카 목장

"이모, 이모!"

이모가 운영하는 대관령 알파카 목장에 도착한 민찬이는 목청이 터져라 외쳤다. 하지만 드넓은 풀밭에서 풀을 뜯고 있을 알파카도 보이지 않았고, 민찬이를 반겨 줄 이모도 보이지 않았다. 알파카몰이 개 튼튼이만 뛰쳐나와 꼬리를 살랑살랑 흔들었다.

"민찬아, 이모는 지금 목장에 없어. 볼일이 있어서 잠깐 나갔다 온다고 연락 왔어. 이모 올 때까지 알파카 보고 있자."

앞서가는 엄마를 따라 민찬이도 실내로 들어갔다. 하지만 바깥에 있어야 할 알파카가 좁은 우리 안에 다닥다닥 붙어 있었다.

"엄마, 그런데 왜, 알파카가 모두 안에 들어와 있어요? 밖에서 뛰어놀아야 하는 거 아니에요?"

"미세먼지가 강원도까지 심해졌다고 하던데… 그래서 실내에 있는 것 같구나!"

"지금 하늘이 얼마나 맑은데요. 서울과는 다르다고요."

"미세먼지는 눈에 보이지 않을 정도로 입자가 작은 먼지이고, 초미세먼지는 미세먼지보다 더 작은 먼지를 말해. 그런데 미세먼지만 높고 초미세먼지 농도가 낮으면 하늘이 맑아 보일 수도 있어. 알파카를 야외에서 지내게 하려면 하늘만 보고 판단해서는 안 돼. 꼭 미세먼지 앱을 확인하고 나가야 해."

　엄마의 설명에 민찬이는 고개를 갸우뚱하며 미세먼지 앱을 보았다. 전국에 미세먼지 주의보가 내려진 상태였다. 맑은 공기를 마시며 알파카랑 산책할 생각에 잔뜩 기대했는데 아쉬웠다.

"민찬아, 물통에 물이 없네. 물 좀 채워 줘라."

민찬이는 툴툴대며 비어 있는 물통에 물을 담으려고 큰 물통이 있는 곳으로 갔다.

"두다다다닷닷."

"어어, 민찬아, 저기 밤색 털, 알파카 한 마리가 뛰쳐나갔어. 얼른 나가서 데리고 오렴."

민찬이는 잽싸게 뛰쳐나갔다. 한참을 뛰어간 밤색 털 알파카는 목장 한복판에서 풀을 뜯고 있었다. 가까이 가서 보니 목에 걸려 있는 명찰에

'코코봉'이라고 쓰여 있었다. 민찬은 잘됐다 싶어서 코코봉과 함께 넓은 목장을 산책했다. 코코봉은 코를 땅에 박고 냄새도 맡으며 여유롭게 풀을 뜯기도 했다.

그런데 한참을 돌아다니던 코코봉이 더 이상 돌아다니지도 않고 힘없이 한곳에 가만히 앉아 있었다. 자세히 보니 코코봉의 코에 콧물이 주르르 흐르고 눈곱이 덕지덕지 끼어 있었다. 일단 주머니에 있는 손수건으로 콧물을 닦아준 다음 목장 안으로 끌고 들어갔다.

고통스러워하는 알파카

"야, 강민찬, 너, 누구 마음대로 코코봉을 데리고 나갔어?"

오랜만에 만난 이모는 민찬이를 보자마자 다짜고짜 화부터 냈다. 놀란 민찬이 눈에 눈물이 글썽거렸다.

"아니, 그게 아니라, 코코봉이 탈출해서 민찬이가 찾아서 데리고 들어오는 중이었어."

엄마가 안타까운 마음에 민찬이 편을 들어 줬지만, 이모의 화는 사그라들지 않았다.

"지금이 몇 시인데, 해가 다 저물어 가고 있는데, 이제야 데리고 들어오면 어떻게 해."

"이모, 미워."

민찬이는 화가 나서 밖으로 뛰쳐나갔다. 벤치에 앉아 숨을 크게 들이셨다. 이모가 나한테 이렇게까지 큰 소리로 화를 내다니, 다시는 목장에 놀러 오지 않겠다고 다짐했다.

"민찬아, 알파카가 너무 걱정돼서 이모가 화를 낸 거지, 네가 미워서 그런 게 아닐 거야."

엄마가 민찬이를 안아 주면서 등을 토닥거려 주자 속상했던 마음이 조금 가라앉았다.

"알파카들이 미세먼지 때문에 나가지도 못하고, 도대체 미세먼지가 왜 생기는 거예요?"

"자동차에서 뿜어져 나오는 배기가스나 공장이나 화력발전소 굴뚝 같은 곳에서 나오는 매연 때문이란다."

"중국에서 불어오는 황사 바람이 원인인 거 아니었어요?"

"중국의 영향도 있지만, 우리나라에서 발생하는 미세먼지가 훨씬 많아. 우리나라는 전체 에너지 생산량의 3분의 1을 석탄화력발전소에 의지하고 있어. 그만큼 석탄으로 만드는 전기를 많이 쓰고 있다는 거지. 그런데 이런 상황에 강원도에서는 석탄화력발전소를 계속 건설한다고 하는구나. 그래서 이모가 건설 중단 서명회에 다녀오느라 밖에 나갔던 거야."

평생을 알파카만 보고 살아온 이모였다. 그러니 이모가 알파카 때문에 신경이 날카로울 수밖에 없을 거라는 생각이 들었다.

그때 비상등을 깜빡이며 자동차 한 대가 목장 안으로 들어왔다. 그러더니 흰색 가운을 입은 수의사가 큰가방을 들고 부리나케 우리 안으로 들어갔다. 민찬이와 엄마도 뒤따라 들어갔다.

좁은 우리 안에 알파카들이 무릎을 꿇고 앉아 있었다. 그중 몇몇의 알파카가 눈물, 콧물을 흘리고 있었다. 코코봉은 한쪽 구석에 누워 있었다. 수의사는 코코봉한테 다가가더니 청진기를 들이대고는 눈살을 찌푸렸다.

"선생님, 코코봉이 많이 아파요?"

민찬이는 힘들어하는 코코봉이 걱정되었다.

"숨소리가 일정치 않고 힘들어하네요. 열이 왜 이렇게 많이 나는지, 큰일이네요. 열부터 떨어뜨려야겠어요. 그럼 고비는 넘길 수 있을 거 같아

요. 그런데 다른 알파카들은 콧물을 흘리거나 결막염 증상만 있는데, 유독 코코봉만 열까지 나고, 조금 심하네요."

코코봉만 심하다는 수의사 말에 민찬이는 자기 때문에 생긴 일 같아 미안했다.

"약을 먹이고 열만 떨어지면 괜찮아질 거예요. 요즘 미세먼지가 심해서 다른 목장에 있는 알파카들도 감기하고 결막염 때문에 고생하고 있어요. 특별히 처방할 만한 약은 없지만, 우선 실내 물청소라도 자주 해 주시고 영양제를 먹여서 건강관리에 신경 써 주세요."

"수의사 선생님, 미세먼지가 동물한테 그렇게 나쁜 건가요?"

민찬이는 코코봉이 걱정되어 조심스레 물었다.

"중금속이 많이 들어가 있는 미세먼지는 크기가 작아서 우리 몸에 있는 코나 입에서 걸러내지 못해요. 그래서 기침이 나거나 목이 아프고 심하면 폐도 안 좋아져요. 사람들은 미세먼지를 일차적으로라도 막을 수 있는 마스크를 쓰면 되지만 동물들은 미세먼지를 그대로 흡입할 수밖에 없어요."

진료를 마친 수의사는 호흡기 질환을 앓고 있는 동물들이 많다며 다른 목장으로 발걸음을 옮겼다.

미안해! 알파카

"이모, 정말 죄송해요. 저 때문에 코코봉이 잘못되면 어떻게 해요?"

민찬이는 마음이 너무 아팠다.

"민찬아, 조금 전에 약을 먹였으니까, 괜찮아질 거야. 아까 너무 화 내서 이모도 미안해."

"제 생각이 짧았어요. 대관령까지 미세먼지가 심각할 줄은 몰랐어요. 도대체 어쩌다…."

"이모도 처음엔 몰랐는데, 기후변화와 관련이 있다고 하더구나."

"네? 아까 엄마는 화석연료 사용 때문이라던데…. 기후변화까지요?"

"기후변화에 따른 대기 정체 현상이 더 심해져서 미세먼지가 더 기승을 부린대. 이상기후가 점점 더 자주 발생해서 걱정이야. 일단, 이모 좀 도와줘. 아무리 실내에 있다고 해도, 공기청정기가 있는 것도 아니라서 물청소라도 해서 나쁜 미세먼지를 조금이라도 씻겨내야겠다."

민찬이는 바닥에 널브러져 있는 긴 호스를 들어 바닥에 물을 뿌렸다. 혹시라도 물이 알파카한테 직접 닿지 않게 하려고 정신을 바짝 차렸다. 수압이 센 호스가 무거워서 놓치지 않으려고 온몸에 힘을 주었다. 공기 중에 떠다니는 미세먼지가 씻겨 나가는 기분이 들었다. 먹이통에 있는 물도 깨끗한 물로 바꿔 주었다.

누워 있던 코코봉이 몸을 버둥거리는 게 보였다. 민찬이는 코코봉 곁으로 다가갔다. 코코봉의 얼굴과 몸에 붙어 있는 건초더미를 떼어 주며 머리를 쓰다듬어 주었다. 그러자 천천히 일어서더니 무릎을 꿇고 앉았다.

이모가 얇게 저민 파인애플이 섞여 있는 건초더미 바구니를 민찬이한

테 주면서 먹성 좋은 코코봉이 제일 좋아하는 간식이라고 했다. 민찬이는 바구니를 가지고 코코봉한테 다가갔다. 코코봉이 코를 씰룩거리더니 벌떡 일어나 바구니에 코를 박고 신나게 먹었다.

"코코봉이 열이 떨어졌나 보다! 다행이다. 민찬아!"

엄마가 밝게 웃으며 말했다.

"코코봉, 아까는 미안했어!"

"다들, 오늘 힘들었지? 코코봉도 이제 좋아졌으니 우리도 이모 집으로 가서 쉬자. 먼저 차에 가 있을 테니깐 이모랑 같이 나와."

"엄마! 우리 걸어서 가요. 이모네 집까지 걸어가도 10분 정도 밖에 안 걸리잖아요. 셋이 걸어가면서 별도 보고 이야기도 나누고, 배기가스도 줄이고…"

"갑자기 민찬이가 환경 지킴이가 되었나 보네! 좋아, 그럼 엄마도 이모도 환경을 보호하고 지구를 지키기 위해 노력해야겠네."

엄마의 말에 대답이라도 하는 듯 튼튼이까지 와서 크게 짖었다. 모두 서로의 얼굴을 쳐다보며 빙그레 웃었다. 하늘의 공기는 여전히 흐리멍덩했지만, 마음만은 푸르름이 가득했다. 알파카가 맑은 하늘에서 마음껏 숨 쉴 수 있는 날이 오기를 바랄 뿐이다.

어디에서 일어난 일인가요?

2019년 3월 서울의 하루 평균 초미세먼지 농도는 m^2당 137μg(마이크로그램)으로, 2015년 관측 이래 최고치를 기록했어요. 이로 인해 수도권에 1주일 연속 미세먼지 비상 저감 조치가 내려졌어요. 수도권뿐만 아니라 청정 지역으로 꼽히던 제주도와 강원도도 '나쁨' 수준의 초미세먼지 농도를 보였지요. 미세먼지 비상 저감 조치란 서울 지역 내 고농도 초미세먼지(PM2.5)가 일정 기간 지속될 경우, 시민의 건강을 위해 미세먼지를 줄이고자 자동차, 공장, 공사장의 대기오염을 줄이는 조치를 말해요. 자동차는 배출 가스 5등급 차량*의 운행을 제한하고, 차량 2부제를 시행해요. 공장과 공사장은 운영 시간을 단축하거나 조정하며 노후 건설기계 사용을 제한해요.

미세먼지 농도가 급격히 높아지자 야외 동물원에서 지내던 동물들이 고통을 받았어요. 사슴, 알파카, 당나귀 등은 기침, 콧물과 결막염을 앓았어요. 온도에 민감한 거북이는 실내에 들어가서 지내야 했고요.

> **잠깐만, 궁금해요**
> **배출 가스 5등급 차량**이란 대기오염 물질 배출량이 많아 대기 환경에 악영향을 미치는 것으로 분류된 차량을 말한다.

먼지와 미세먼지, 초미세먼지는 무엇이 다른가요?

먼지는 공기 중에 떠다니는 입자예요. 대부분 코털이나 기관지에서 걸러지기 때문에 우리 몸에 끼치는 영향은 크지 않아요. 하지만 미세먼지와 초미세먼지는 건강에 문제를 일으켜요. 미세먼지는 입자의 지름이 보통 10μm(마이크로미터) 이하로, 사람의 머리털 굵기의 10분의 1 정도예요. 이런 미세먼지는 입자가 작아 사람의 코, 입, 기관지에서 걸러지지 않고 우리 몸속으로 들어와 폐에 병을 일으켜요. 초미세먼지는 2.5μm 이하로 몸에 축적되어 혈액을 통과해서 우리 몸 전체로 퍼져 심혈관계 질환의 원인이 될 수 있어요.

▲ 미세먼지 가득한 서울

환경단체인 그린피스의 분석 자료에 따르면 우리나라는 경제협력개발기구(OECD) 회원국 중 초미세먼지 오염 농도에서 1위를 차지해 최악의 대기오염 국가예요. OECD 회원국 내 도시 중에서 초미세먼지 오염이 가장 심각한 100대 도시에 우리나라의 도시가 61개나 포함되어 있어요. 이는 대기오염이 전국적으로 점점 심해지고 있다는 말이에요.

기후위기 | 미세먼지가 왜 발생하나요?

최근 증가하는 고농도 미세먼지 현상은 기후변화와 관련이 있어요. 기후변화의 원인인 온실가스와 초미세먼지의 원인이 되는 대기오염 물질이 모두 화석 연료 사용 때문이니까요. 석유나 석탄을 연료로 하여 에너지를 발

생시키는 화력발전소는 미세먼지를 배출하는 주요 원인이에요. 이곳에서 에너지가 만들어지는 동안 미세먼지, 초미세먼지가 발생해요. 특히 자동차가 내뿜는 배기가스에는 공기 오염 물질인 이산화탄소가 들어 있어요. 이산화탄소는 지구온난화 현상을 일으키는 주범이고요.

   지구온난화로 극지방의 빙하가 녹으면 극지방과 유라시아 대륙의 온도 차가 감소해요. 이는 북서 계절풍의 약화와 한반도의 대기 정체를 유발하게 되죠. 북서 계절풍이 강하게 불어야 미세먼지가 동해상으로 날아가는데, 대기가 정체되면 오염원이 쌓이면서 농도가 급격하게 높아져요. 온실가스의 배출량이 증가할수록 대기가 정체되어 미세먼지가 고농도로 자주 발생할 수밖에 없어요.

미세먼지로 위기에 처한 동물이 또 있나요?

동물들은 미세먼지 노출에 더 취약해요. 특히 반려동물은 사람보다 크기가 작지만, 흡입하는 공기량은 사람보다 많아요. 그래서 미세먼지 피해를 더 많이 받게 돼요. 미세먼지 성분인 중금속 입자는 무겁기 때문에 바닥에 가라앉아 있어요. 강아지는 땅에 코를 대고 냄새를 자주 맡아 더 쉽게 미세먼지를 들이마셔요. 그래서 호흡기 질환, 결막염으로 고통을 겪지요.

소들은 미세먼지 때문에 콧물을 흘리거나 기침을 해서 고통받고 있어요. 갓 태어난 송아지는 면역력이 약해 질병에 걸리는 일이 많고요. 축산 농가의 많은 소가 호흡기 질환 증세를 보였어요. 축사가 사방으로 뚫려 있다 보니 소들이 미세먼지에 그대로 노출되기 때문이에요.

미세먼지는 사람들에게 어떤 피해를 주나요?

미세먼지는 농작물의 성장을 방해해요. 미세먼지에는 이산화황이나 이산화질소 성분이 들어 있어요. 이런 미세먼지는 산성비를 내리게 해서 토양이나 물을 산성화시켜요. 그래서 산성화된 토양이나 물로 자란 농작물은 건강하게 자라지 못해요.

미세먼지는 산업 활동에도 피해를 줘요. 반도체나 디스플레이 같은 정밀 산업 분야는 먼지에 아주 민감해요. 먼지가 닿게 되면 불량률이 높아지죠.

자동화 설비 같은 장비와 기계 등이 먼지 때문에 오작동을 일으키기도 하고요. 미세먼지가 심한 날은 시야가 흐려 비행기가 늦어지거나 취소되기도 하고, 운항이 이루어져도 가시거리가 짧아져 위험한 상황에 처할 수 있어요.

미세먼지는 사람 몸에 암을 일으키는 1군 발암 물질이에요. 뇌졸중, 심혈관 질환, 호흡기 질환을 일으켜요. 우리나라에서 미세먼지의 영향으로 일찍 목숨을 잃는 사람들이 증가하고 있어요. 그리고 건설업, 운송업, 농업 등 실외에서 일하는 사람들은 미세먼지에 그대로 노출되어 건강이 나빠질 위험이 커졌어요.

▲ 미세먼지 수치를 알려 주는 전자 안내판

폭설로 갈 곳을 잃은
사우디아라비아 낙타

사막을 덮은 눈

"아빠, 저기 낙타들이 이쪽으로 오고 있어요."

압둘라는 자동차 안에서 낙타들을 보고 소리쳤다. 황량한 사막 한복판을 열댓 마리의 낙타들이 줄지어 걸어가고 있었다. 끝없이 펼쳐진 사막 도로를 오랜 시간 달려 지루했던 찰나에 낙타들을 봐서인지 반가웠다.

"근처에 낙타 농장이 있나 보구나!"

아빠는 비상등을 켜더니 차를 세웠다. 도로 양옆에 있는 사막에 무리 지어 걸어가는 낙타들이 보였다. 압둘라는 낙타들을 더 가까이에서 보려고 잠시 차에서 내렸다. 낙타를 이끌며 멈춰 선 차 앞을 지나가던 아저씨가 압둘라를 보고 찡긋 미소 지었다. 아저씨가 우두머리 낙타를 이끌자 다른 낙타들이 그뒤를 따라 한 마리씩 연이어 천천히 따라가고 있었다. 그 모습을 보던 압둘라는 다시 차에 올랐다.

그때 기온이 뚝 떨어졌는지 찬 기운이 자동차 안까지 스며들었다. 그리고 잠시 후 하늘에서 무언가 희끗한 것이 떨어지기 시작했다.

"아빠! 저거 봐. 저게 눈이야? 맞지?"

압둘라는 처음 본 눈에 호들갑스럽게 말을 하며 엉덩이를 들썩거렸다. 하얀 눈송이가 소나기 내리듯 마구 쏟아져 내리고 있었다. 압둘라는 어

리둥절한 표정으로 눈을 바라보았다. 쉴 새 없이 내린 눈 때문에 어느새 사막과 도로의 구분이 사라졌다. 온통 하얀 세상이었다.

그러나 도로는 아름답지만은 않았다. 수많은 자동차가 눈길에 미끄러지기 시작하고 뒤엉키더니 결국 자동차들이 도로 한복판에 멈춰 섰다. 아수라장이 된 도로는 주차장이나 다름없었다. 눈이 멈춰야 움직일 수 있을 것 같았다.

더 큰 문제는 낙타였다. 낙타들도 눈밭에서 당황스러워하는 듯했다. 무릎을 꿇고 멍하니 앉아 있는 낙타도 있고, 갈 길을 잃은 채 어슬렁거리며 사선으로 걸어가는 낙타도 있었다. 그중 배가 불뚝 나온 낙타 한 마리는 넘어져서 일어서지를 못하고 다리를 허우적거리고 있었다. 조금 전에 봤던 아저씨는 낙타를 일으켜 세우려고 안절부절못하고 있었다.

폭설 속 어미 낙타

"아빠! 큰일났어요. 엄청 큰 낙타가 쓰러졌어요. 우리가 가서 도와줘야 할 것 같아요."

자동차 안에 있던 압둘라가 낙타를 보고 뛰쳐나가자, 아빠도 뒤따라

나왔다. 쓰러진 낙타 가까이 가보니 상태가 더 심각해 보였다.

"아저씨, 낙타가 다친 것 같은데, 배가 왜 이렇게 커요?"

"새끼를 밴 낙타란다. 갑자기 내린 눈으로 방향 감각을 잃어서 넘어지더니, 일어서질 못하는구나!"

넘어진 낙타는 큰 코와 입술을 부르르 떨고 있었고 한쪽 눈에서 눈물이 흐르고 있었다. 세찬 눈바람까지 불어 몹시 추워하는 듯했다. 고통스러워하는 어미 낙타를 보자 압둘라는 코끝이 아려왔다. 압둘라는 우선

낙타 몸에 쌓인 눈을 살살 털어 줬다. 그런 다음 어깨에 두르고 있던 담요를 낙타 배에 덮어 줬다. 아저씨는 낙타의 다리가 부러졌을까 봐 한참을 매만져 보았다. 그러고는 낙타의 불룩 나온 배를 살살 만져 보더니, 심각한 얼굴로 말했다.

"낙타가 넘어지면서 배 속의 새끼가 스트레스를 받은 것 같아요. 안정을 취하려면 빨리 낙타 농장으로 데려가야 하는데…. 조금만 가면 낙타 농장이에요. 낙타가 일어설 수 있게 다른 사람들에게 도움을 청해 주시겠어요?"

아저씨는 압둘라를 뒤따라온 아빠에게 도움을 요청했다.

"여기요. 낙타가 위험합니다."

아빠가 주변에다 대고 큰 소리로 말하자 사람들이 발목까지 차오른 눈밭을 헤치며 힘겹게 달려왔다. 어미 낙타 주변에 사람들이 오자 아빠가 먼저 어미 낙타의 옆구리를 밀었고 사람들도 힘을 합쳤다. 아저씨는 낙타 목에 걸려 있는 줄을 끌어당겼다. 그러자 어미 낙타가 입술을 부르르 떨며 긴 목을 흔들더니 힘겹게 일어섰다.

일어선 어미 낙타가 잠시 휘청거리는 듯했으나 바로 중심을 잡았다. 그 모습을 본 아빠가 안도의 한숨을 쉬었다.

"그런데, 아빠! 사막에 왜 눈이 오는 거예요?"

"기후변화 때문이란다. 우리나라에서 많이 생산되는 석유가 그 원인이기도 하지."

"석유가요?"

"그래. 석유를 많이 사용하면 사용할수록 탄소가 많이 배출되고 이렇게 배출된 탄소가 지구온난화를 일으키는 주범이야. 우리나라의 경우만 해도 온실가스 배출량이 지난 30년간 3배 이상 늘었다고 해."

"그럼, 석유를 펑펑 써서 이산화탄소 배출이 많아져 지구가 뜨거워진

거네요. 결국 지구온난화로 예상치 못한 기후 현상이 발생해 갑작스럽게 폭설이 내린 거고… 눈 때문에 낙타가 다치기까지 하는 거네요. 어! 아빠! 저쪽 보세요. 낙타들이 눈 때문에 방향 감각을 잃었나 봐요."

　심하게 흩뿌리는 눈보라로 다른 낙타들이 여기저기 흩어지고 있었다. 정차되어 있는 차 사이로 지나가는 낙타도 보였다. 아저씨가 압둘라에게 잠깐 어미 낙타의 줄을 잡고 있으라고 했다. 어미 낙타가 불안한 듯 코를 부르르 떨자, 압둘라가 머리를 쓰다듬어 주었더니 가만히 있었다. 아저씨와 아빠는 다른 낙타를 데리러 갔다.

우리 함께 노력해요

　잠시 후, 여기저기 눈밭을 돌아다니던 낙타들을 사람들이 데려왔다. 아빠가 끌고 온 낙타의 혹이 유난히 봉긋해 보였다.

"아빠, 사람들이 모두 낙타를 좋아하나 봐요. 다들 자기 일인 양 도와주는 모습이 멋져요."

"그렇지, 낙타는 아주 소중한 동물이야. 우리가 보호해야 하는 동물이지. 석유가 발견되면서 낙타를 중심으로 하던 사막의 전통적인 생활방식이 많이 사라졌단다. 하지만 지금도 사막의 전통 방식을 고수하며 알리기 위해 노력하는 사람들이 있단다."

아빠와 이야기를 주고받던 사이 낙타들이 모두 한곳에 모였다. 아저씨가 어미 낙타의 줄을 잡고 앞에서 이끌자 낙타들이 그뒤를 연이어 한 마리씩 따라갔다. 유난히 혹이 봉긋한 낙타는 여전히 눈밭에서 허둥지둥하고 있었다. 그러자 아빠가 낙타의 줄을 잡아당겼다. 그랬더니 더 발버둥쳤다.

"아빠, 살살해요. 낙타야, 워워, 착하지."

압둘라의 나직한 목소리에 낙타가 귀를 쫑긋하더니 앞서가는 낙타를 따라갔다. 그 모습을 본 아빠가 압둘라에게 최고라며 엄지손가락을 추켜세웠다.

낙타 농장에 도착하자 낙타들이 안정을 찾은 듯, 낙타 우리로 들어갔다. 하지만 압둘라는 어미 낙타가 걱정스러워 낙타 우리 앞에서 서성거렸다.

"애야, 낙타들이 우리 안으로 들어갔으니 괜찮아질 거야. 그리고 어미 낙타도 조금 있으면 안정을 되찾을 거야. 오늘 추운데 고생 많았어. 도와줘서 너무 고맙구나!"

아저씨는 아빠와 압둘라한테 고맙다며 따뜻한 낙타 젖을 대접하겠다고 했다.

"아저씨, 그런데 사막에서 눈 내리는 거 처음 있는 일이죠?"

"직접 겪어본 건 처음이라, 너무 당혹스러웠단다. 작년인가 재작년인가 눈이 내렸다는 뉴스를 본 적이 있지만, 실제로 본 것은 처음이긴 해. 사막에 눈이라니, 걱정이구나! 며칠 전 아프리카 사하라사막에 눈이 내렸다는 뉴스를 봤는데…. 이상기후가 세계 곳곳에서 생겨나고 있어서 큰일이다. 오늘 같은 일이 또 벌어질까 봐 걱정이구나."

아저씨의 얼굴 표정이 심각해 보였다.

"그럼, 이런 일이 더 이상 일어나지 않기 위해 우리 모두 노력해야겠네요. 아빠! 아저씨! 우리 전기를 아껴 쓰는 것부터 시작해요. 그래야 낙타들이 고통을 받지 않을 테니깐요."

압둘라가 다부지게 말했다. 아저씨가 준 따뜻한 낙타 젖을 한 모금 더 마셨다. 추위에 움츠렸던 몸이 풀리며 편안해졌다.

어느덧 눈발이 약해지자 아빠와 압둘라는 자동차가 있는 곳으로 갔다. 멀리서 아저씨가 손을 흔드는 모습이 보였다. 아저씨 옆에 유난히 혹이 봉긋한 낙타가 고맙다고 인사하듯, 고개를 위, 아래로 흔들고 있었다.

어디에서 일어난 일인가요?

　사우디아라비아는 더운 사막기후로 낮에는 온도가 높고 밤에는 온도가 낮아요. 사우디아라비아 남서부 지역은 1월 평균 기온이 12~25도 정도이고, 여름 평균 기온은 32~40도 정도예요. 한낮에 사막에 눈이 내리는 것은 흔치 않은 일이에요. 기온 차이가 크기 때문에 밤사이 눈이 내린다 해도 태양의 열기에 금세 녹아요.

　그런데 2021년 1월 사우디아라비아 남서부 아시르에서는 50년 만에 기온이 영하 2도까지 떨어져 눈이 내렸어요. 북부 타부크에도 폭설이 내렸어요. 눈을 본 적이 없는 주민들이 밖으로 뛰쳐나와 눈을 구경하며 눈싸움도 했지요. 하지만 길을 가던 낙타들은 낯선 눈을 보며 어리둥절해하고 방향 감각을 잃기도 했어요. 갑작스러운 추위에 떨기도 했고요. 사람들은 추위

▲ 눈 덮인 사우디아라비아(2021년 센티넬 위성 사진)

에 떠는 낙타에게 담요를 덮어 주며 보온에 신경을 썼어요.

이러한 기상 현상은 2016년 11월 북부 국경 지역의 투라이프, 2018년 북서부 일부 지역, 2019년 4월에는 북부 타부크 지역에 눈이 내린 적이 있어요. 사우디아라비아 지역의 이상기후는 최근 수년간 반복적으로 나타나고 있어요.

잠깐만, 궁금해요

눈사람을 만들면 잡혀간다고?

사우디아라비아 사막에서 보기 드문 눈이 내리자 아이들은 신이 나서 눈싸움을 하거나 눈사람을 만들었어요. 그러나 이슬람 율법은 사람이나 동물의 형상을 만드는 것을 금지하고 있어서, 당국은 눈사람 금지령을 내렸어요. 그림이나 동상을 만들거나 전시하면 우상으로 여겨 신성시하는 알라를 모독하는 일이에요.

기후위기 폭설이 왜 생기나요?

　폭설의 원인은 지구온난화에 있어요. 지구온난화의 영향으로 북극의 찬 공기가 아래로 내려오는 것을 막아 주던 제트 기류가 약해졌어요. 북반구에는 제트 기류가 돌고 있어요. 그런데 이 제트 기류가 남북으로 길게 뻗어서 흘러가면 남쪽 지역으로는 북극 한파가 내려오고, 북쪽 지역으로는 따뜻해지는 이상난동이 발생해요. 동아시아와 함께 유럽 지역으로도 제트 기류가 남하하면서 한파와 폭설이 발생해요.

　이러한 한파 때문에 사시사철 덥기로 유명한 아프리카 사하라사막과 서남아시아 사우디아라비아에 눈이 내리고 기온이 영하로 떨어진 거예요. 일교차가 큰 사막에서는 겨울 한밤중에 눈이 내렸다가도 해가 뜨면 녹기 때문에 한낮에도 눈이 녹지 않는 건 이례적이라고 해요. 최근 수년간 사하라사막과 사우디아라비아에서는 기상이변이 반복되고 있어요.

　이러한 상황은 2020년 지구가 최고로 뜨거웠던 점과 관련이 있다고 해요. 세계기상기구는 2020년 지구 평균 기온이 14.9도라고 밝혔어요. 1850

년 관측을 시작한 후 가장 더운 해로 꼽힌 2019년과 수치가 같아요. 2020년 대기 중 이산화탄소의 양도 인류 역사상 가장 높은 수치 417ppm을 기록했어요. 지구온난화로 북극의 영구동토층이 녹으면서 그 안에 갇혀 있던 메탄과 이산화탄소 등 온실가스가 다시 대기 중으로 배출되어 지구온난화를 부추기는 악순환이 벌어지고 있어요.

폭설 말고도 다른 기후위기로 위험에 처한 동물은?

사우디아라비아에서 1999~2008년 발생한 장기간의 가뭄으로 아라비아오릭스가 560마리나 죽었어요. 오릭스는 몸은 하얀색이고, 다리는 갈색이며, 50~75cm의 긴 뿔이 있어요. 황량한 대초원이나 여러 사막 지대에서 살아요. 습도가 낮고 45℃ 이상의 높은 기온에서도 살아갈 수 있고 가뭄이 와도 최장 6개월 정도 견딜 수 있어요. 과거 야생 절멸 위기에 처했다가 현재는 개체 수가 회복되어 멸종 취약 수준이 되었고, 일부 개체군은 안전한 울타리가 있는 보호구역에서 지내고 있어요.

다른 사막에도 폭설이 내린 적이 있나요?

2021년 1월 13일 일 년 내내 더운 아프리카의 사하라사막에도 흰 눈이 내렸어요. 알제리 사막 마을 아인세프라는 1월 평균 기온이 12도, 7월은 40도인 사막기후 지대예요. 그러나 이상기후 현상으로 기온이 영하 3도까지 떨어지고 눈까지 내렸어요.

세계에서 가장 건조한 곳으로 꼽히는 칠레 아타카마사막에도 2021년 8월 말에 눈이 내렸어요. 2021년 7월 말에는 브라질의 기온이 영하권으로 떨어져 폭설이 내렸어요. 남아메리카뿐만 아니라 이상기후 현상이 전 세계적으로 일어나고 있어요.

▲ 소노라사막에 내린 눈(2023년)

지중해성 온난기후인 스페인의 수도 마드리드는 2021년 1월 19일 50cm의 적설량으로 1971년 이후 50년 만에 최고치를 기록했어요. 이로 인해 항공, 철도, 도로 등 교통이 마비되었어요. 많은 시민들이 대중교통 대신 스키를 타고 출근하는 일까지 벌어졌지요.

폭설은 어느 나라에서나 일어날 수 있는 기상 현상이에요. 하지만 급격한 기후변화로 인해 일어난 이상기후 현상이 자주 나타나고 있어서 문제예요. 지구온난화가 불러온 이상기후가 이제는 계절을 가리지 않고 우리의 일상을 위협하고 있어요.

사우디아라비아는 기후변화를 막기 위해 어떤 노력을 하고 있나요?

사우디아라비아는 2021년에 폭설뿐만 아니라 급격한 기온 상승으로 50도 이상을 기록했어요. 온실가스 주범인 화석 연료 최대 생산국이며 세계 최대 석유 수출국이지만 기후변화 대책은 미흡했지요. 하지만 기후변화의 심각성을 느낀 사우디아라비아는 2060년까지 탄소 중립을 선언했어요. 탄소 중립이란 이산화탄소를 배출한 만큼 이산화탄소를 흡수하는 대책을 세워 이산화탄소의 배출량을 '0'으로 만드는 것이에요.

홍수로 멸종 위기종 외뿔코뿔소가 사라졌어요

홍수로 잠길 위기에 처한 마을

"엄마! 엄마! 비가 그쳤어요."

모디스는 양동이에 가득 찬 물을 버리고 집 안으로 들어오며 소리쳤다. 오전 내내 들이닥친 빗물을 퍼내느라 온몸이 젖었다. 몬순 기간에 매년 내리던 비였지만 이번 비는 다른 해와는 달랐다. 한꺼번에 내린 폭우로 아삼주 전체가 잠길까 봐 걱정했는데, 그나마 다행이었다.

"휴, 브라마푸트라강이 범람할까 봐 걱정했는데 위기는 넘긴 것 같구나! 논에 가 있는 아빠한테 다녀오마!"

무릎까지 차올랐던 물이 어느새 발목까지 빠져 있었다. 엄마는 안도의 한숨을 내쉬며 서둘러 나갔다.

한시름 놓았다 싶었는데 옆집에 사는 친구 아멘다가 모디스를 다급하게 불렀다.

"모디스! 모디스! 외뿔코뿔소가 하천으로 떠내려가고 있대."

"뭐? 정말이야?"

외뿔코뿔소라는 말에 화들짝 놀란 모디스는 밖으로 뛰쳐나갔다. 모디스는 아멘다와 함께 사람들이 몰려 있는 곳으로 뛰어갔다. 사람들 사이를 헤집고 하천 앞으로 갔다. 물살이 어찌나 센지 깜짝 놀랐다. 뿌리째 뽑힌 나무, 널판지, 쓰레기 더미 등이 붉은 물살에 휩쓸려 가고 있었다.

그 사이로 거대한 외뿔코뿔소가 떠내려가는 모습이 보였다. 뾰족한 삼각뿔이 물에 잠겼다 나왔다 했다. 외뿔코뿔소의 울부짖는 소리가 귓가에 울렸다. 연이어 떠내려오던 새끼 외뿔코뿔소가 하천 가운데 뿌리째 뽑혀 멈춰 있던 나무에 걸려 허우적거렸다.

"저기 좀 보세요. 새끼 외뿔코뿔소가 나무 사이에 있어요. 얼른 구해야 해요."

모디스는 발을 동동거리며 주변 사람들을 보며 말했다. 그때 옆에서 안타까운 탄성을 내지르던 한 아저씨가 한쪽 끝에 심하게 흔들리며 묶여 있는 보트로 뛰어갔다. 그러더니 순식간에 보트를 몰고 새끼 외뿔코뿔소 곁으로 힘겹게 다가갔다. 하지만 아저씨가 미처 손을 써볼 틈도 없이 발버둥 치던 새끼 외뿔코뿔소가 붉은 흙탕물 속으로 빠졌다. 바로 이어 출렁거리는 물살과 함께 아래로 떠내려갔다. 아저씨는 눈살을 찌푸리며 떠내려가는 새끼 외뿔코뿔소를 쳐다봤다. 그 모습을 지켜본 사람들도

아쉬워했다.

"지금 공원 중앙에 있는 브라마푸트라 강물이 불어나 물을 피하던 동물들이 여기저기 흩어진 상태입니다. 하천 하류 쪽으로 내려가면 동물 구조 대원들이 기다리고 있을 겁니다."

몰려든 사람들 사이로 주황색 구조대 조끼를 입은 아저씨가 소리치며 모디스 옆으로 다가왔다. 인근에 있는 카지랑가국립공원에서 동물 구조 일을 하고 있다고 했다.

위기에 처한 새끼 외뿔코뿔소

"아저씨! 저기 떠내려가고 있는 새끼 외뿔코뿔소는 어떻게 해요?"

"하천 밑에서 동물을 구조하려고 그물을 설치하고 있단다. 떠내려오는 새끼 외뿔코뿔소가 그물에 걸리면 보트를 타고 가서 구조할 거야."

동물 구조대 아저씨는 어딘가에 전화를 걸며 하천 밑으로 뛰어갔다. 모디스도 헐레벌떡거리며 그 뒤를 쫓아갔다.

얼마 가지 않아 하천 하류에 도착했다. 하천 하류에도 사람들이 모여 있었고 강을 가로질러 그물이 설치되어 있었다.

"아저씨, 그런데 예전에도 이렇게 강물이 불어나 외뿔코뿔소가 위기에 처한 적이 있어요?"

모디스는 문득 물었다.

"몬순 기간에 내린 비 때문에 강물이 많이 불어난 적은 있지만, 이렇게 많은 외뿔코뿔소가 위기에 처한 적은 없었단다. 그러나 이번 비는 이상기후로 인해 예전보다 더 많이 온 거라고 하더구나! 지금 하천 하류나 강 하류 지역은 물이 점점 빠지고 있지만 비가 다시 오기 시작하면 강이 범람할지도 모르겠구나. 그렇게 되면 아삼주 전체가 물에 잠길 수도 있단다."

"저도 며칠 전 뉴스에서 기후변화로 히말라야산맥의 빙하가 녹아내리고 있다는 소식을 들었어요. 우리나라의 기온이 세계 평균보다 더 빠르게 상승하고 있다고 해요."

"그렇단다. 지구온난화로 기온이 상승하고 있지. 급격한 온도 상승으로 몬순 시기에도 비가 오지 않아 가뭄을 걱정했는데 이제는 비가 너무 많이 와 고통을 겪고 있으니…. 예상치 못한 기후변화가 자주 일어나 피해가 점점 더 커지고 있는 것 같구나."

그때 상류 쪽에서 새끼 외뿔코뿔소가 떠내려오고 있었다. 다행히 새끼 외뿔코뿔소는 구조대가 쳐 놓은 그물에 걸렸다. 센 물살에 떠내려오느라 여기저기 부딪쳐서인지 몸에 붉은 상처가 보였다. 녀석은 연신 "끼익끼익." 울부짖었다.

"모디스! 어디 있니?"

어디선가 아빠의 목소리가 들렸다. 논을 살피고 집으로 왔다가 아멘다한테 소식을 들은 아빠가 모디스를 찾으러 왔다. 그때 동물 구조대 아저씨가 사람들을 향해 외쳤다.

"보트가 더 필요해요. 보트를 구할 수 없을까요?"

그 말을 들은 모디스는 마침 달려온 아빠에게 말했다.

"아빠! 새끼 외뿔코뿔소를 구조하려면 보트가 있어야 해요. 우리도 보트 있잖아요. 어디에 있어요?"

"물이 불어나기 전에 하천 하류에 정박해 놓은 보트가 있다만…"

잠시 머뭇거리던 아빠는 서둘러 앞으로 걸어갔다. 모디스는 그뒤를 다

라 동물 구조대 아저씨와 함께 근처에 정박해 놓은 아빠의 보트를 찾으러 갔다. 육지 쪽 볼록 솟은 큰 바위에 단단히 묶인 채 출렁거리는 보트가 보이자 잽싸게 뛰어갔다.

보트 앞에는 아빠, 가운데는 모디스, 뒤에는 동물 구조대 아저씨가 탔다. 하늘은 곧 비가 쏟아질 듯 회색빛이었다. 아빠가 물살을 가로지르며 보트를 움직이자 흙탕물이 보트 안으로 들어왔다. 보트 앞에 앉은 아빠는 붉은 흙탕물을 가로지르며 힘껏 노를 저었다. 보트가 좌우로 흔들거려 모디스는 떨어지지 않으려고 보트 끝을 꽉 잡았다.

구조된 새끼 외뿔코뿔소

"어, 저기! 아빠! 새끼 외뿔코뿔소가 보여요."

그물에 걸려 있는 새끼 외뿔코뿔소가 보였다. 그런데 조금 전과는 다르게 움직임이 거의 없어 보였다. 울부짖는 소리도 들리지 않았다.

"하루종일 불어난 물살에 떠내려오면서 힘이 다 빠진 것 같구나!"

큰 나무 근처에 보트를 멈췄다. 아빠는 보트가 뒤집히지 않고 떠내려가지 않게 밧줄을 이용해 보트를 나무에 묶었다. 그런 뒤 새끼 외뿔코뿔

소한테 다가갔다. 힘이 없는지 납작한 윗입술만 꼼지락거렸다. 가까이서 보니 생각보다 크기도 크고 몸무게도 제법 나가 보였다.

"갓 태어난 새끼구나. 모디스! 새끼 눈부터 가리자, 저기 있는 수건 좀 갖다 줄래?"

동물 구조대 아저씨는 새끼 외뿔코뿔소의 눈을 가리고 안전을 위해 입도 묶었다. 아빠는 뒷다리를 잡고 아저씨는 앞다리를 잡고 외뿔코뿔소를 보트로 옮겼다. 몸무게 때문에 보트가 심하게 흔들거렸지만 아빠가 날쌔게 중심을 잡았다. 보트에 누운 새끼가 불안한 듯 뒷다리를 움직이자 모디스는 새끼 외뿔코뿔소의 머리를 쓰다듬어 주었다. 피부가 갑옷 같아 보여 딱딱할 줄 알았는데 매끈했다. 동물 구조대 아저씨가 손으로 뒷다리를 살포시 눌렀다. 그러자 옅은 울음소리를 내며 벌떡거렸던 심장이 안정을 찾아갔다.

"이번 홍수로 많은 외뿔코뿔소가 익사했단다. 외뿔코뿔소는 멸종 위기종으로 우리가 보호해 줘야 하는데, 이런 일이 생겨서 너무 안타깝단다. 그나마 새끼 외뿔코뿔소를 구할 수 있어서 다행이야. 모디스, 고맙구나!"

보트를 타고 도착한 곳에는 외뿔코뿔소 보호센터에서 트럭을 정차해 놓고 기다리고 있었다. 두세 명의 사람들이 힘을 합쳐 눈을 가린 새끼 외뿔코뿔소를 트럭에 옮겨 실었다.

잠시 그쳤던 비가 더 심하게 쏟아지자 모디스와 아빠는 서둘러 집으로 향했다. 모디스의 발걸음이 무거웠다. 새끼 외뿔코뿔소를 구할 때 힘을 너무 써서인지 몸에 기운이 다 빠진 듯했다.

"모디스! 우리 아들 멋졌어. 새끼 외뿔코뿔소를 구하느라 고생했어. 그런데 비가 다시 내리니 걱정이구나! 어서 서두르자."

"아빠, 비가 너무 많이 오면 사람들만 피해를 입는 줄만 알았지, 동물들이 고통받는다는 것은 몰랐어요. 지구온난화를 해결하지 못하면 우리나라는 심각한 비 피해가 반복되겠네요."

모디스는 가슴이 답답했다. 아직도 모디스 귓가에 물살에 휩쓸려 떠내려가며 울부짖던 어미 외뿔코뿔소의 울음소리가 들리는 듯했다. 어미 외뿔코뿔소가 꼭 구조되어 새끼 외뿔코뿔소를 만나기를 마음속으로 기도했다.

어디에서 일어났나요?

인도 동북부 아삼주에 있는 카지랑가국립공원에는 브라마푸트라강이 흘러요. 카지랑가국립공원은 세계문화유산에 등재된 자연공원이에요. 이곳은 인도 동부에서 사람의 손길이 미치지 않는 마지막 지역 중 하나로 인도코뿔소와 외뿔코뿔소의 서식지예요. 세계에서 살아남은 외뿔코뿔소의 대다수는 카지랑가에 살고 있어요.

그런데 2020년 7월 많은 비로 강이 범람해 공원과 그 지역의 85%가 물에 잠겼어요. 이 홍수로 멸종 위기종 외뿔코뿔소 등 야생동물 100여 마

▲ 2020년 5월 벵갈만의 인도와 방글라데시를 향해 나아가는 사이클론 암판

리가 숨지는 일이 벌어졌어요. 많은 외뿔코뿔소가 범람하는 물을 피해 더 높은 지대를 찾아 이동했어요. 그러나 불어난 강물에 휩쓸려 익사하거나 카지랑가국립공원을 가로지르는 국도를 건너다가 자동차에 치여 희생되었어요.

기후위기 홍수는 왜 일어날까요?

2020년 인도 일부 지역에 내린 집중호우는 심각했어요. 인도는 몬순 때문에 홍수가 자주 발생하는 편이에요. 그런데 최근에는 잦은 폭우로 강수량이 훨씬 증가해 더 위험해졌어요. 그 이유는 북극과 러시아 북부 동시베리아에서 발생한 이상고온 현상 때문이라고 해요. 북극권에 있는 베르호얀스크는 2020년 6월 기온이 관측 사상 처음으로 38도까지 올라갔어요.

이렇게 북극이 따뜻해지면 정상적인 공기 흐름에 이상이 생겨요. 이러한 현상이 오랫동안 지속되면 기상이변이 일어나고, 바다로부터 더 많은 습기가 유입되어 비정상적으로 많은 폭우가 내려요.

그뿐만 아니라 기후변화로 인해서 2021년에는 인도의 히말라야산맥의 빙하가 녹아내려 급류와 함께 쏟아져 거대한 홍수가 발생했어요. 기후변화로 온도가 높아져서 오랫동안 단단하게 얼어 있던 빙하가 녹아 좁은 계곡으로 이루어진 강이나 댐에 급격한 수량 변화를 가져온 결과예요.

> **잠깐만, 궁금해요**
>
> **인도의 몬순은 어떤 영향을 미치나요?**
> 인도의 여름 몬순 우기는 6월부터 9월까지 이어져요. 몬순은 계절풍이라고도 하는데 인도 대륙과 인도양 사이의 기온과 기압 차이로 그 지역에 많은 비가 내리는 걸 말해요. 인구가 많은 인도는 몬순 시기에 내린 비로 농사, 생활용수를 확보해요. 몬순 기간 동안 내린 비의 양은 인도 경제에 큰 영향을 미쳐요. 이 기간 동안 강수량이 적으면 식수난 문제를 비롯해 경제의 절대적 부분을 차지하는 농사에 영향을 미쳐요.

외뿔코뿔소가 위기에 처한 이유는 무엇인가요?

밀렵으로 멸종위기까지 갔던 외뿔코뿔소가 이제는 기후위기로 큰 위협을 받고 있어요. 외뿔코뿔소가 잘 자라려면 초원의 서식지와 체온 조절에 필요한 충분한 물이 필요해요. 그런데 지난 몇 년간 홍수로 연못이 사라지고 온갖 잡다한 것들이 강을 따라 떠내려왔어요. 그리고 홍수가 휩쓸고 지나간 자리에 덩굴등골나무, 샴 위드 등 외래종이 침입해 무서운 속도로 퍼져 외뿔코뿔소가 자랄 수 없는 환경으로 변했어요.

강물에 휩쓸려 인근 국경 지역으로 넘어간 외뿔코뿔소들이 가까스로 구조되었어요. 구조된 외뿔코뿔소들은 네팔에 치트완국립공원에서 보호하다가 인도로 다시 돌려보냈지요. 하지만 구조되지 못한 코뿔소가 주거지에

침입하거나 전기 담장을 설치한 농장 지역을 습격하다 감전되어 죽기도 했어요.

  그래서 인도 당국은 외뿔코뿔소의 개체 수를 확보하기 위해 노력하고 있어요. NGO, 지역 주민, 야생동물 재활 및 보존 센터(CWRC)는 공원의 강이 범람할 때 동물들이 익사하는 것을 막기 위해 힘을 합쳐요. 고지대에 동물에게 필요한 풀과 식물이 있는 피난처를 인공으로 만들어 제공하고 있어요.

홍수로 위기에 처한 동물이 또 있나요?

카지랑가국립공원에는 멸종 위기에 처한 인도의 동물 약 15종이 서식하고 있어요. 그런데 2020년 7월에 내린 집중호우로 인도코끼리, 표범, 돼지사슴, 야생 버팔로 등 100마리가 물에 빠져 죽거나 물을 피하려다 차량에 치여 죽었어요.

2019년 몬순 때 일어난 홍수로 물에 잠긴 도로와 마을에는 죽은 소와 가축들이 둥둥 떠다녔어요. 홍수를 피해 인근 마을 가정집에 들어간 호랑이가 그 집 소파에서 잠든 경우도 있었어요. 이후 구조대가 출동해 고속도로 통행을 막고는 폭죽을 터뜨려 잠든 호랑이를 깨웠어요. 잠에서 깬 호랑이는 숲속으로 달아났어요. 강이 범람하면서 물길을 따라 흘러들어온 악어들이 도심 곳곳에서 발견되었어요. 악어가 사람들을 위협하거나 개를 공격해 공포에 떨었어요.

▼ 폭우 후 흙탕물로 뒤덮인 인도의 농업용 농지

인도는 홍수로 어떤 피해를 입었나요?

　　인도는 많은 비로 강 위의 댐이 무너져 피해가 더 컸어요. 주택과 건물이 무너지고 주거 지역은 온통 물바다가 되었지요. 철도 선이 파괴되었고 기차역이 쓸려 나갔어요. 도로가 잠기고 통신도 끊겨 마을이 고립되었지요. 고지대 같은 경우는 산사태, 낙상 사고가 발생했어요. 이로 인해 많은 주민이 숨졌고 수백만 명의 이재민이 발생했어요. 인도 정부는 수해로 집을 잃은 주민을 위해 임시 대피소를 마련했어요. 하지만 코로나19 바이러스가 더 퍼져 이중의 고통을 겪었어요.

　　많은 비로 벼를 수확하지 못해 식량 수급에도 문제가 생겼어요. 특히 아삼주는 아삼 홍차로 유명한 곳이에요. 아삼주 전역에는 차 농장이 800곳 정도 있으며 인도 전체 차의 절반 정도를 생산하고 있어요. 그런데 이번 홍수로 많은 차 농장이 물에 잠겨 재배에 차질이 생겼어요.

허리케인 속에서 앵무새를 구하라

앵무새 보호시설에서 만난 푸에르토리코앵무

휘이잉 불어오는 바람에 주변에 있는 나무가 쏴쏴 소리를 냈다. 바람 소리를 등지며 두리번거리던 유스티나는 앵무새 보호시설로 들어갔다.

"박사님. 저 왔어요."

유스티나는 큰 소리로 말했지만 조류학자 화이트 박사는 보이지 않았다. 푸에르토리코앵무 소리만 들려왔다. 그중 유난히 꽥꽥 짖어대며 소리를 지르는 곳으로 가 보았다. 작은 새장에 홀로 앉아 다친 날개를 비비고 있는 새가 내는 소리였다. 새장 밖으로 나가고 싶어 안달이 나 보였다.

"유스티나! 며칠 있으면 허리케인이 온다고 하는데 또 여기 오면 어떻게 하니?"

"아이, 깜짝이야! 저 여기서 직업 체험 하는 거 모르셨어요? 푸에르토리코앵무가 너무 걱정스러워서 왔어요."

그런데 평상시와는 달리 박사님의 얼굴이 심각해 보였다. 허리케인 센터의 예보에 따르면 곧 초강력 허리케인 '어마'에 이어 '마리아'까지 푸에르토리코를 강타할 거라고 했다.

"초강력 허리케인이 오면 여기에 있는 앵무새들은 어떻게 해요?"

"글쎄 말이다. 야생에 있는 앵무새 중 일부는 앞서 도망칠 수 있을 거

야. 하지만 대부분은 소용돌이치는 거센 바람을 피하지 못한단다. 그리고 살아남아도 식물들이 바람에 갈기갈기 찢어지니 앵무새들이 더 정착할 수 없게 되고 여기 보호시설도 허리케인이 오면 속수무책이라 걱정이구나!"

갑자기 빗방울이 떨어지는 소리가 났다. 빗소리에 앵무새들이 지저귀는 소리가 더해져 정신이 없었다. 박사님은 보호시설을 둘러보고 있었다. 비를 피할 수 있는 지붕은 있었지만, 사방이 뚫려 있고, 여러 개의 기둥을 중심으로 그물망으로만 감싸져 있었다.

"박사님, 전화 왔어요."

앵무새들의 지저귀는 소리에 박사님은 전화 소리를 듣지 못한 듯했다. 유스티나가 탁자 위에 있는 전화기를 가져다 주자 박사님은 한참 동안 통화를 했다.

"여기에서 산 쪽으로 한참 올라가면 앵무새들이 안전하게 지낼 수 있는 앵무새 전용 대피시설이 있는데, 이제 준비가 되었다는구나! 마침 동물 구조대에서 연락을 줘서 그곳으로 옮길 수 있게 되었단다. 유스티나! 너도 도울래?"

"당연하죠."

유스티나는 힘찬 목소리로 대답했다.

허리케인으로 위기에 처한 푸에르토리코앵무

잠시 후, 앵무새 구조 대원들이 여러 종류의 새장을 들고 들어왔다. 방호복이 비에 흠뻑 젖어 있었다. 구조 대원들은 박사님과 한참 이야기를 나누었다. 그런 뒤 박사님은 긴 그물채 두 개를 들고 유스티나에게 오더니 그물채 한 개를 건네며 말했다.

"유스티나, 저쪽 끝에 앵무새들이 몰려 있는 곳으로 가보자꾸나."

유스티나는 박사님과 함께 앵무새가 나무줄기에 나란히 앉아 있는 곳으로 걸어갔다.

"박사님, 그런데 허리케인은 왜 생기는 거예요?"

"허리케인은 적도 부근의 열대 바다에서 발생한단다. 태양빛을 받은 바닷물은 온도가 높고 수증기를 포함하고 있어. 많은 수증기가 찬 공기와 만나면 물방울 덩어리가 생겨. 이 덩어리가 모여 씨앗 구름이 만들어지면 허리케인이 생긴단다. 그런데 기후변화로 인해 허리케인이 점점 더 세지고 더 자주 발생하고 있단다."

"허리케인이 더 세지고 있다고요? 그런데 기후변화는 왜 생기는 건데요?"

"지구온난화로 인해 기후변화가 생기는 거란다. 지구온난화로 대기권 밖으로 빠져나가지 못하는 열이 대기와 해수면의 온도를 높이고 있지. 결국 더 많은 수분이 증발하면서 엄청난 에너지와 폭풍우를 동반하는 거란다. 지구가 더워질수록 허리케인의 강도는 더 세지고 있어. 몇 년 전에도 허리케인이 한 해에 연속으로 두 번이나 불어닥쳐 피해를 많이 입었단다."

"저도 기억나요. 며칠 동안 학교도 가지 못하고 집 안에서만 지냈어요."

유스티나는 강한 바람으로 집이 무너질까 봐 공포에 떨었던 기억이 떠올랐다. 그런데 그때보다 더 세다고 하니, 얼마 후에 올 허리케인 생각에 몸이 떨렸다. 이렇게 거센 바람이 작고 연약한 푸에르토리코앵무에게 불어닥친다면 어떻게 될지 생각만 해도 끔찍했다.

박사님과 이야기를 나누고 있는 사이 구조 대원들은 새장 안에 있는 푸에르토리코앵무를 바깥에 있는 큰 트럭으로 분주히 옮겼다. 그러나 나무 구멍에 둥지를 틀었거나, 나무 위에 앉아 있는 수많은 푸에르토리코앵무를 옮기는 것이 가장 큰일이었다. 한 마리씩 일일이 옮겨야 하기 때문에 서둘러야 했다.

유스티나는 기다란 그물채를 들고 나무 위에 앉아 지저귀고 있는 푸에르토리코앵무에게 조심스럽게 다가가 낚아채 봤지만 뜻대로 되지 않았다. 하지만 포기하지 않았다. 이번에는 푸에르토리코앵무 뒤쪽으로 가서 앉아 있는 앵무새를 보고 살금살금 접근해 그물채로 잽싸게 덮었다. 하지만 푸드덕거리며 반대편 나무 쪽으로 날아가 지저귀더니 나무 구멍 속으로 쏙 들어가 버렸다.

푸에르토리코앵무 옮기기 대작전

"유스티나, 잠깐, 새장 좀 갖다 줄래?"

박사님이 유스티나를 애타게 찾았다. 박사님은 사다리 위에 올라가 나무 구멍 속을 보고 있었다. 구멍 속에 손을 넣어 푸에르토리코앵무를 잡으려는 순간 박사님이 소리를 질렀다.

"앗."

박사님이 손을 꺼냈는데 손등에서 피가 나고 있었다. 앵무새가 문 것이다. 손등에 난 상처를 문지른 다음 다시 손을 넣으려는데 앵무새가 잽싸게 날아가 버렸다. 유스티나는 날아가는 앵무새를 쫓아갔다.

"앵무새야, 거기 있어 봐."

유스티나는 간절하게 불러 봤지만 푸에르토리코앵무는 아랑곳 하지 않고 사방팔방을 날아다녔다. 결국 보호 시설 바깥으로 날아가자 뒤꽁무

니만 바라보며 쫓아갔다. 차가운 빗방울과 함께 바람이 와다닥 밀어닥쳤다. 온몸이 비에 젖었지만 유스티나는 아랑곳하지 않았다. 비를 뚫고 날아가는 푸에르토리코앵무를 꼭 구해야 했다. 하지만 숲 언저리 덤불을 지나던 앵무새가 보이지 않았다.

바람은 조금 전보다 더 세게 불어왔다. 바람 소리에 숲이 울부짖는 거 같았다. 유스티나는 푸에르토리코앵무를 찾지 못할까 봐 가슴이 쿵쾅쿵쾅 울렸다. 그런데 어디선가 사삭사삭 속삭이는 듯한 소리가 들렸다. 발걸음을 앞으로 한 걸음 내디딘 후 조용히 귀를 기울였다.

"서걱서걱."

푸에르토리코앵무는 비를 흠딱 맞은 채 무성히 떨어진 나뭇잎 위에서 종종거리고 있었다. 그러더니 유스티나를 물끄러미 쳐다봤다. 유스티나는 조용히 다가가 오른손 검지를 펴서 앵무새 발 앞에 놓았다. 그러자 머리를 아래로 살짝 내리며 검지 위에 살며시 올라와 앉았다. 온몸이 젖어 부들부들 떨고 있는 푸에르토리코앵무의 머리를 만져 줬다. 안정을 찾은 듯 가만히 있었다.

"유스티나! 유스티나!"

비바람을 맞으며 박사님과 구조 대원들이 우르르 몰려왔다. 푸에르토리코앵무를 살포시 안고 있는 유스티나를 본 박사님은 위험하게 혼자 나

갔다며 꾸짖었다. 하지만 푸에르토리코앵무가 길들인 새처럼 유스티나 품속에 편안하게 있는 모습을 보더니 멋쩍은 듯 헛기침을 했다.

보호 시설로 돌아온 다음, 많은 푸에르토리코앵무를 오랜 시간에 걸쳐 안전하게 트럭에 모두 실었다.

"박사님, 새들이 있어야 할 대피소는 허리케인에도 끄떡없는 거죠?"

"그럼, 허리케인의 강력한 폭풍에도 견딜 수 있도록 콘크리트 건물로 단단하게 지어서 안전하단다. 이렇게 푸에르토리코앵무들을 안전하게 옮길 수 있게 도와줘서 고맙구나. 끔찍한 허리케인이 지나가고 안정을 찾으면 앵무새들을 보러 오려무나."

박사님은 허리케인이 지나갈 때까지 대피소에 머물며 앵무새를 돌볼 것이라고 했다. 하늘이 점점 시커멓게 물들어 갔고 굵은 빗방울과 함께 바람도 점점 세졌다.

푸에르토리코앵무가 안전한 곳에 머무를 수 있다는 생각에 한시름 놓았다. 하지만 허리케인 '어마'에 이어 '마리아'까지 지나가고도 한참 후에야 푸에르토리코앵무를 볼 수 있다는 생각에 마음이 무거웠다.

"유스티나, 사람들이 기후변화를 막지 못한다면 허리케인은 점점 더 세질 거야. 그러니 우리부터 지구온난화를 막기 위해 노력해 보자꾸나!"

"맞아요. 저는요. 오늘부터 쓰레기 줍기 운동이라도 시작해야겠어요."

세찬 바람에 떨어진 나뭇잎들과 날아온 잡다한 쓰레기로 바닥이 너저분했다. 바닥을 바라보던 유스티나는 비닐봉지를 주웠다. 무시무시한 허리케인이 지나고 학교에 가면 친구들과 함께 멸종 위기종 푸에르토리코 앵무를 보존하기 위해 노력해야 한다고 해야겠다. 그리고 기후변화를 막기 위해 함께 쓰레기 줍기를 하자고 해야겠다.

어디에서 일어난 일인가요?

카리브해 미국령 섬나라인 푸에르토리코는 멸종 위기종인 '푸에르토리카아마존'이라 불리는 푸에르토리코앵무가 서식하는 곳이에요. 1989년 허리케인 '휴고'가 푸에르토리코를 덮쳐 야생 앵무새 47마리 중 22마리만 살아남았어요. 이후 미국 어류·야생생물국(FWS)은 사육한 143마리를 이용해 종의 복원을 위해 노력하고 있어요.

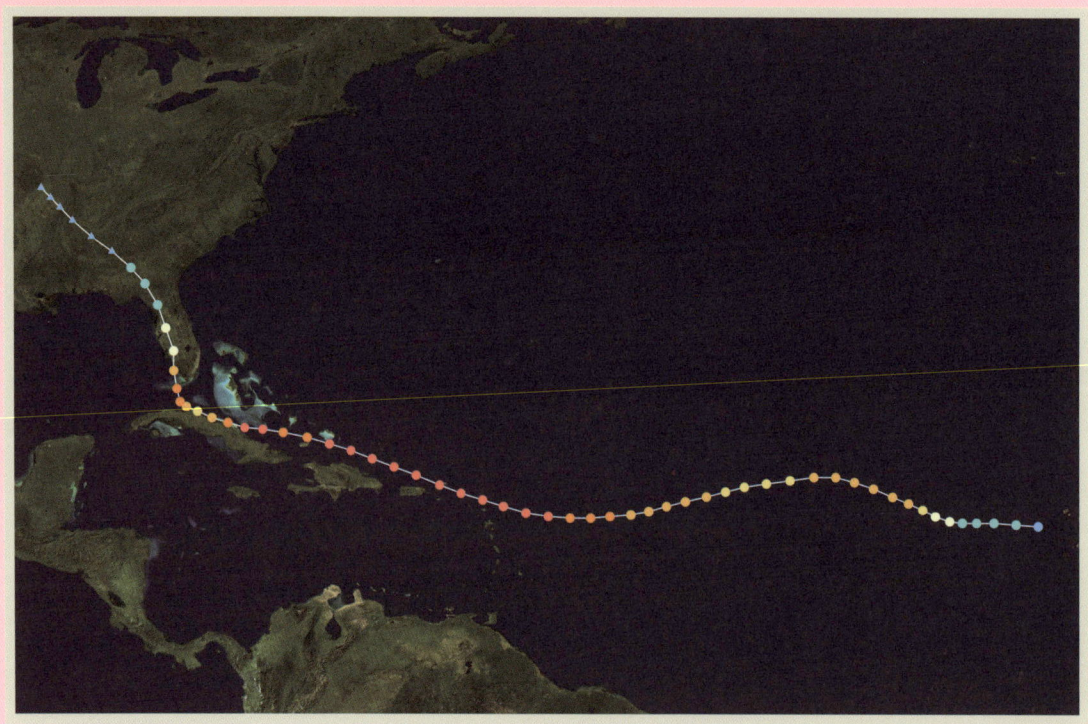

▲ 2017년 허리케인 어마의 경로와 강도를 표시한 지도(붉은색이 허리케인 5등급이다)

2017년 9월 허리케인 '어마'와 '마리아'가 불어닥치자 미처 피하지 못한 야생 푸에르토리코앵무는 피해를 입었어요. '어마'와 '마리아'는 5등급 허리케인으로 강력한 바람과 500mm 이상의 폭우가 쏟아져 곳곳에 홍수 피해까지 생겼어요. 허리케인 '어마'와 '마리아'로 야생 개체 수가 더 줄었다고 해요.

허리케인의 등급은 바람의 세기로 나눠요

허리케인 1등급은 풍속이 시속 118~152km로 지반이 약한 곳에 있는 관상용 나무나 간판 등이 파괴되어요. 2등급은 풍속이 시속 153~177km

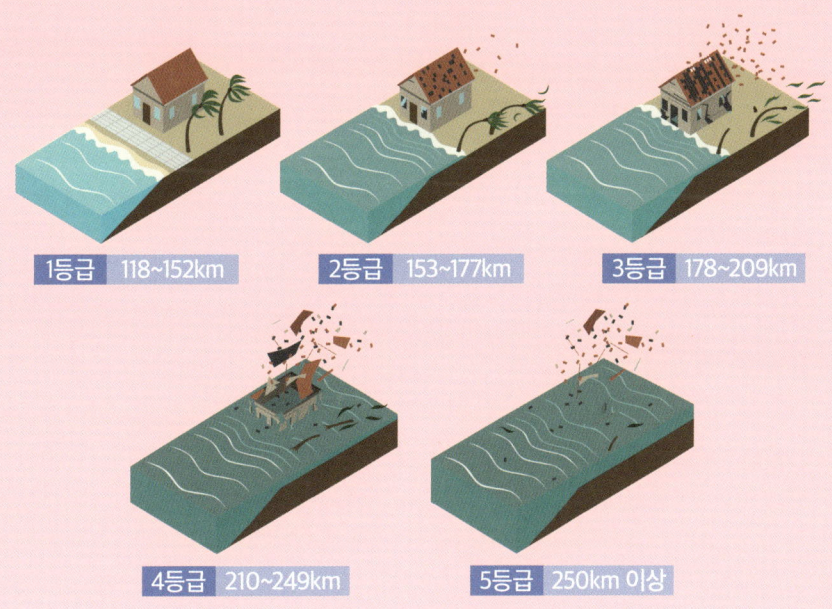

1등급 118~152km
2등급 153~177km
3등급 178~209km
4등급 210~249km
5등급 250km 이상

로 나무를 넘어뜨리고 일반 주택의 지붕을 날릴 수 있고, 유리 창문을 깨뜨릴 수 있어요. 3등급은 풍속이 시속 178~209km로 건물에 금이 가요. 4등급은 풍속이 시속 210~249km로 일반 주택을 심하게 파괴하거나 무너뜨리고 나무를 뿌리째 뽑아 날릴 수 있어요. 5등급은 풍속이 시속 250km 이상의 초강력 허리케인으로 지상에 있는 나무를 모두 뽑아버리고, 주택과 작은 빌딩을 뒤엎는 것은 물론 강을 잇는 다리도 부러뜨릴 수 있어요.

잠깐만, 궁금해요

폭풍의 종류
태풍, 허리케인, 사이클론, 윌리윌리는 모두 성질이 같은 폭풍으로 생기며 장소만 다를 뿐이에요. 태평양 동쪽과 대서양에서 생기는 열대 폭풍은 허리케인, 북서 태평양에서 생기는 열대 폭풍은 태풍, 남태평양과 인도양에서 생기는 열대 폭풍은 사이클론이라고 해요. 윌리윌리는 호주 북부 해상에서 불어오는 회오리바람이에요.

허리케인 이름은 어떻게 만들어지나요?
허리케인의 이름은 세계기상기구(WMO)가 정하며, 발음하고 기억하기 쉽도록 짧고 간단한 사람 이름을 붙여요. 원래 허리케인이 약하길 바라는 마음에서 여성 이름만 썼어요. 그러나 남녀 차별이라는 지적을 받고 1978년부터 남녀 이름을 번갈아 쓰고 있어요. 1년에 21개씩 정해진 이름이 있는데, 발생 순서에 따라 알파벳 순서대로 이름을 붙여요.

기후위기 | 허리케인은 왜 일어나나요?

허리케인은 적도 부근의 따뜻한 바닷물 위에서 생겨나요. 따뜻하고 습한 공기는 허리케인 같은 열대성 저기압의 에너지원이 되지요. 시원한 공기가 따뜻한 물과 만나면서 대기 상태가 불안정해져요. 따뜻한 물로 데워진 공기는 상승하면서 거대한 먹구름을 만들어요. 따뜻한 물이 충분히 공급되면 이 과정이 반복되죠. 그러는 동안 먹구름이 점차 늘어나고 중심부 주위로 공기가 빠르게 회전하면서 바람이 계속 강해져 허리케인이 만들어져요.

그러나 해마다 허리케인이 점점 더 강해지고 있는데 그 이유는 지구온난화 때문이에요. 지구온난화와 허리케인이 연결되는 지점은 해수면의 온도예요. 허리케인이 만들어지는 적도 부근의 해수면 온도가 높으면 높을수록 더 많은 수증기가 만들어져요. 이렇게

▲ 허리케인 어마의 태풍의 눈(2017년 9월 5일)

늘어난 수분을 흡수하면서 허리케인은 위력이 더 강해져요. 실제로 해수면의 온도가 1도 높아질 때마다 대기의 수증기량은 약 7%씩 늘어나요. 허리케인이 기존보다 더 따뜻한 바닷물을 만나면 비의 양까지 급격히 늘어나 엄청난 폭우가 쏟아져요.

앵무새는 어떻게 되었나요?

▲ 푸에르토리코앵무

허리케인 '어마'가 발생하기 전 미국 어류·야생생물국은 국립허리케인센터(NHC)의 예보를 지켜본 뒤 푸에르토리코앵무를 대피시켰어요. 그곳은 2007년에 건설된 곳으로 허리케인급 폭풍에 견딜 수 있도록 설계된 콘크리트 건물이에요. 이곳에서는 전문 생물학자와 사육사가 물을 갈아 주고 배설

물을 치우며 새들을 보살펴요.

　허리케인이 지나간 뒤 대피소에 있던 푸에르토리코앵무는 엘윤케국유림에 있는 푸에르토리코앵무 보호시설로 옮겨졌어요. 엘윤케국유림은 푸에르토리코앵무 종의 보존에 매우 중요한 역할을 하고 있어요. 이곳에서 번식해 성장한 푸에르토리코앵무를 야생으로 방사한 뒤에도 관리를 하고 있어요. 푸에르토리코앵무는 둥지를 짓지 않고 나무의 움푹 파인 곳에 알을 낳아요. 보존 요원들은 숲의 나무에 구멍을 뚫어 푸에르토리코앵무가 야생에서도 번식할 수 있도록 돕고 있어요.

허리케인으로 위기에 처한 동물이 또 있나요?

　많은 종의 새들이 허리케인이 불어오기 전에 도망쳤어요. 하지만 미처 도망가지 못한 새들은 심한 바람과 소용돌이에 죽었어요. 청설모류의 경우 어린 개체들은 나무 위의 둥지에서 떨어졌어요. 이들의 먹이가 되는 나무 열매와 씨앗류도 허리케인 때문에 모두 날아갔고요. 땅속에 굴을 파고 사는 가시올빼미 같은 동물들은 세찬 바람에 날려온 이물질로 굴 입구가 막히거나 홍수가 나서 물에 잠겼어요.

　바다거북의 경우 어미가 알을 낳은 해변의 모래 구덩이가 파도에 휩쓸렸어요. 파손된 전선이 물에 잠겨 물속 동물들이 감전되어 죽었어요. 홍수로 토사와 모래, 자갈 등이 하류로 밀려내려 가면서 물고기 등의 서식지가 훼손되었어요. 많은 해양 포유류는 바다에서 허리케인을 피하지만, 일부 돌고래와 매너티는 강한 파도에 휩쓸려 해변으로 밀려오기도 했지요.

허리케인으로 푸에르토리코에 어떤 피해가 발생했나요?

푸에르토리코는 3분의 2가량이 허리케인 '어마'와 '마리아'의 영향을 받았어요. 강풍과 폭우로 깨끗하고 가지런했던 아름다운 섬이 초토화되어 버렸어요. 모래사장에는 야자나무가 뽑혀 나뒹굴고, 유명 호텔의 지붕이

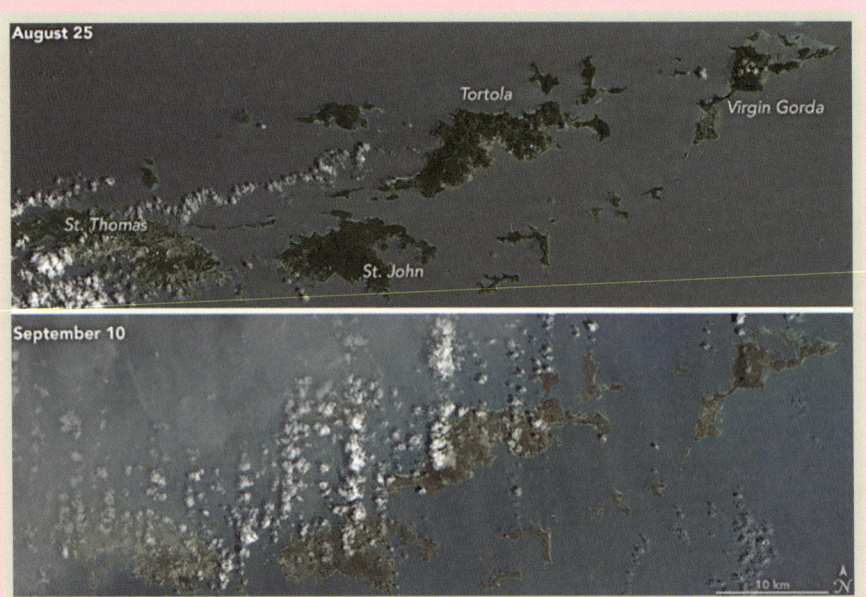

▲ 2017년 8월 25일과 9월 10일에 촬영된 버진아일랜드의 위성 사진.
 허리케인 어마가 섬의 식물에 끼친 피해를 보여 준다.

▲ 2017년 9월 23일 허리케인 마리아가 지나간 후의 푸에르토리코

뜯겨 나갔어요. 길가는 여러 대의 자동차가 강풍에 뒤집혀 아수라장이 되었고요. 거리마다 파손된 건물 잔해들로 난장판이 되었어요. 주민 절반가량이 집을 잃었고, 건물 90%가 파손되었어요. 강풍으로 송전선이 끊겨 정전 피해도 겪었고요. 수많은 주민은 대피소로 옮겨 생활했어요.

 카리브해 섬나라 푸에르토리코는 관광과 제조업에 기대 살아요. 허리케인 '어마'로 많은 사람들이 실직했고, 실업률이 11년 만에 최고치를 기록했어요. 특히 허리케인 '어마'에 이어 보름 만에 상륙한 '마리아'로 인한 피해가 겹쳐 경제가 더 어려워졌어요.

플러스 정보글

기후위기를 극복하려면 우리는 무엇을 해야 할까요?

지구온난화를 일으키는 온실가스 때문에 기후위기가 심각해지고 있어요. 이에 전 세계가 대표적인 온실가스인 '탄소' 줄이기에 나서기 시작했어요. 2015년 파리기후협약에서 195개 국가가 '2050 탄소 중립 목표 기후동맹'에 가입했어요. 탄소 중립은 2050년까지 이산화탄소 배출량을 제로로 만들자는 거예요. 탄소 중립이 잘 지켜질 수 있도록 각국은 환경 관련 산업에 적극적으로 동참하여 실천해야 해요.

기후변화를 막기 위해 우리도 생활 속에서 실천해야 해요. 나부터 시작하는 작은 실천들이 하나하나 모인다면 주변에 행동하는 사람이 늘어날 거예요. 주변에 행동하는 사람이 늘어날수록 기후변화를 막으려는 노력도 커질 거고요. 그러면 우리가 할 수 있는 일로는 무엇이 있을까요?

에너지를 절약해요. 우리가 가정에서 사용하는 전기, 수도, 가스 등의 에너지를 아끼는 거예요. 사용하지 않는 전자 제품은 플러그를 뽑아요. 플러그를 빼는 것만으로도 에너지를 아낄 수 있어요. 난방 온도 조절도 에너지를 절약하는 데 중요해요. 냉난방 온도를 1도 조절하는 것만으로도 연간 110kg의 이산화탄소를 줄일 수 있어요. 수돗물은 샤워 시간을 줄이거나 빨래를 모아서 하는 방법으로 절약할 수 있어요. 샤워 시간을 1분 줄이면 가구당 연간 4.3kg의 이산화탄소를 줄일 수 있어요.

자동차보다는 대중교통을 이용하고, 30분 이내의 거리는 자전거를 이용하거나 걸어서 이동해요. 4층 이하는 에스컬레이터나 엘리베이터보다 계단을 이용하면 에너지 소비를 줄일 수 있어요.

일회용품 소비를 줄이고, 재사용하거나 재활용을 해요. 일회용품은 생산 과정부터 폐기, 매립되는 과정까지 많은 온실가스를 만들어 내요. 일회용 비닐봉지를 사용하지 않으면 연간 188kg의 이산화탄소를 줄일 수 있어요.

음식은 맛있게 먹고 남기지 않아요. 버려진 음식물이 부패하는 과정에서 온실가스가 발생해요. 그리고 자신이 사는 곳 가까이에서 생산된 로컬 푸드를 먹어요. 로컬 푸드는 지역 내에서 소비가 이루어지기 때문에 식탁에 오르기까지 이동 거리가 짧아 이산화탄소 배출량을 줄일 수 있어요.

마지막으로 기후변화로 위기에 처한 지구의 현재 모습에 관심을 가져요. 기후위기에 대응하는 단체의 SNS 활동에 참여해 보세요. 집회나 시위에 함께하지 못하더라도 기후위기를 막기 위해 행동하는 단체를 지지하고 후원하는 일은 기후위기 극복에 큰 도움이 되지요.

기후변화는 전 지구적인 위기예요. 이를 해결하려면 특정 국가나 개인이 아닌 전 세계 모든 구성원의 협력이 필요해요. 우리 모두 기후변화를 막기 위해 함께해요.

참고문헌

신문기사

〈2019년 '최악 미세먼지'도 이맘때… 이번 주 내내 미세먼지 쌓인다〉(중앙일보, 2021. 3. 8.)
〈20년 내 사라질 아프리카 빙하… 100년 전과 비교해 보니〉(NOWNEWS, 2021. 10. 20.)
〈강릉안인석탄발전소 건설 중단하라〉(한겨레, 2021. 9. 27.)
〈기후위기로 몸살 앓는 중동〉(경향신문, 2022. 1. 12.)
〈낙타경주에 수만 인파… 중동 식지 않은 낙타사랑〉(매일경제, 2015. 6. 10.)
〈미세먼지는 기후변화로 더 나빠진다〉(중앙일보, 2017. 5. 19.)
〈미세먼지, 사람만 위험? 동물도 위험!〉(KBS뉴스, 2019. 3. 30.)
〈북극 찬공기 가둔 제트기류 둑 터지자 영하 39도의 한파가 미국을 때렸다〉(동아사이언스, 2021. 2. 18.)
〈불타는 시베리아… 케냐 기린 죽다〉(중앙일보, 2021. 12. 15.)
〈사하라 사막에 눈 쌓이고 사우디는 영하 2도… 곳곳에서 이상기후〉(연합뉴스, 2021. 1. 18.)
〈사하라 사막에 폭설이?… 낙타도 추위에 '덜덜'〉(아시아경제, 2021. 1. 19.)
〈역대급 한파에 바다거북 5,000마리가 기절했다〉(뉴스펭귄, 2021. 2. 22.)
〈역대급 가뭄 원인으로 지목된 '라니냐'… 앞으로 더 잦다〉(동아일보, 2022. 6. 20.)
〈온난화의 역설… 사막 폭설 화들짝, 북극 한파 내려와 오들오들〉(동아일보, 2021. 1. 23.)
〈온난화 따른 '인도양 쌍극화'… 호주 대륙이 불탄다〉(한겨레, 2020. 1. 5.)
〈印홍수로 동물로 수난… 멸종 위기 외뿔코뿔소 등 익사·로드킬」〉(연합뉴스, 2020. 7. 20.)
〈전례없는 홍수… 기후변화가 허리케인 위력키웠다〉(한국일보, 2017. 9. 7.)
〈전 세계 기상이변 몸살… 내년까지 3년 연속 '라니냐' 경보〉(ESG경제, 2022. 6. 26.)
〈중동 최대 산유국 사우디 2060년까지 탄소중립 하겠다〉(한겨레, 2021. 10. 24.)
〈최대산유국사우디. '2060년탄소중립'선언했지만… 화석연료 퇴출엔 '선긋기'〉(한국일보, 2021. 10. 24.)
〈하와이 해수면 상승으로 사라질 위기〉(연합뉴스, 2019. 4. 22.)
〈한국 세계 '기후변화 4대 악당국가'로 등극〉(한겨레, 2016. 11. 6.)
〈허리케인 '마리아' 푸에르토리코 상륙… 섬 전체가 정전〉(연합뉴스, 2017. 9. 21.)
〈허리케인 속에서 앵무새 살리기〉(이코노미스트, 2017. 10. 15.)

영상

-22℃ 재난급 한파… 기절한 바다거북을 살려라!(MBC뉴스, 2021. 2. 18.)
눈 내린 사하라사막을 보셨나요?… 역대급 기후재난(YTN사이언스투데이, 2021. 1. 16.)
세계 최대 규모의 낙타 병원 '살람 동물 병원'(연합뉴스, 2020. 9. 14.)
미세먼지가 기후위기와 관련이 있다고요? 도와줘요 기후위기박사(서울환경연합, 2021. 8. 12.)
미세먼지가 기후위기와 관련이 있나요?(궁금해요 기후박사, 2020. 6. 12.)
사람도, 코알라도 숨막혀… 한 달 넘게 타오른 호주 산불(연합뉴스, 2019. 11. 30.)
우리도 힘들어요 미세먼지에 고통받는 동물들(연합뉴스, 2018. 3. 27.)
차원이 다른 올겨울! 성층권 제트기류가 거꾸로 흐르고 있다(MBC뉴스, 2021. 1. 22.)
호주 산불; 화마가 할퀴고 간 상처(KBS세계는 지금, 2020. 2. 1.)
Lincoln Park Zoo(YouTube, 2018. 11. 8.)
From the brink: Saving the Puerto Rican parrot(YouTube, 2018. 11. 27.)

도서

《10대와 통하는 기후정의 이야기》(권희중·신승철, 철수와영희, 2021)
《기후변화 쫌 아는 10대》(이지유, 풀빛, 2020)
《세계 초고층 빌딩과 사라지는 동물들》(장노아, 이야기나무, 2016)
《이상한 기후, 그래서 우리는?》(크리스티나 헬트만, 픽, 2021)
《최열 선생님의 미세먼지 이야기》(최열, 다산어린이, 2021)

웹사이트

국립기상과학원(http://www.nims.go.kr/)
기상청 기후정보포털(http://www.climate.go.kr/)
기후변화센터(http://www.climatechangecenter.kr/)
통합기후변화홍보포털(https://www.gihoo.or.kr/)
https://www.acap.aq/latest-news/4108-snowflake-plus-26-all-the-translocated-black-footed-albatrosses-have-fledged-from-mexico-s-guadalupe-island/
https://www.sciencemag.org/news/2021/06/they-were-destined-drown-how-scientists-found-these-seabirds-new-island-home
Agreement on the Conservation of Albatrosses and Petrels
https://www.acap.aq/resources/acap-conservation-guidelines/2640-translocation-guidelines/file

동물이 보내는 위험 신호, 기후위기

1판 1쇄 인쇄 2023년 8월 10일
1판 1쇄 발행 2023년 8월 18일

글 | 최부순 **그림** | 이경은
펴낸이 이종일 | **책임편집** 김수미 | **북디자인** design S
펴낸곳 버튼북스 | **등록번호** 제386-251002015000040호 | **등록일자** 2020년 4월 9일
전화번호 032-341-2144 | **팩스** 032-352-2144
주소 경기도 부천시 소삼로 38 휴안뷰 101동 602호

ISBN 979-11-87320-49-4 73490

* 책값은 뒤표지에 있습니다.
* 이 책 내용의 일부 또는 전부를 재사용하려면 반드시 버튼북스의 동의를 얻어야 합니다.
* 잘못 만들어진 책은 구입하신 서점에서 교환해 드립니다.

KC	· 제조자명 : 버튼북스	· 제조연월 : 2023. 08. 18.
	· 주소 : 경기도 부천시 소삼로 38	· 제조국명 : 대한민국
	· 전화번호 : 032-341-2144	· 사용연령 : 8세 이상 어린이 제품

버튼아이는 버튼북스의 아동 브랜드입니다.

사진 및 이미지 출처
위키미디어 공용 19쪽, 36쪽, 39쪽, 58쪽, 60쪽, 76쪽, 79쪽, 85쪽, 118쪽, 156쪽, 159쪽, 160쪽, 162쪽, 163쪽
셔터스톡 21쪽, 22쪽(위), 22~23쪽, 40~41쪽, 41쪽(위), 43쪽, 56쪽, 59쪽, 60쪽, 61쪽, 62쪽, 80쪽, 81쪽, 82~83쪽, 101쪽, 105쪽, 119쪽, 120~121쪽, 122쪽, 138쪽, 141쪽, 142~143쪽